高等院校网络教育系列教材

成本会计

Cost Accounting

张培莉　主编

華東理工大學出版社
EAST CHINA UNIVERSITY OF SCIENCE AND TECHNOLOGY PRESS
·上海·

图书在版编目(CIP)数据

成本会计/张培莉主编.—上海：华东理工大学出版社，2016.1(2022.7重印)

高等院校网络教育系列教材

ISBN 978-7-5628-4470-9

Ⅰ.①成…　Ⅱ.①张…　Ⅲ.①成本会计-高等学校-教材　Ⅳ.①F234.2

中国版本图书馆CIP数据核字(2015)第284457号

高等院校网络教育系列教材

成本会计

…………………………………………………………………………

主　　编／张培莉
责任编辑／周　颖
责任校对／成　俊
封面设计／戚亮轩
出版发行／华东理工大学出版社有限公司
　　　　　地　址：上海市梅陇路130号，200237
　　　　　电　话：(021)64250306(营销部)
　　　　　　　　　(021)64251837(编辑室)
　　　　　传　真：(021)64252707
　　　　　网　址：www.ecustpress.cn
印　　刷／江苏凤凰数码印务有限公司
开　　本／787 mm×1092 mm　1/16
印　　张／14.25
字　　数／301千字
版　　次／2016年1月第1版
印　　次／2022年7月第5次
书　　号／ISBN 978-7-5628-4470-9
定　　价／38.00元

联系我们：电子邮箱 zongbianban@ecustpress.cn
　　　　　官方微博 e.weibo.com/ecustpress
　　　　　天猫旗舰店 http://hdlgdxcbs.tmall.com

華東理工大學出版社

序

网络教育是依托现代信息技术进行教育资源传播、组织教学的一种崭新形式，它突破了传统教育传递媒介上的局限性，实现了时空有限分离条件下的教与学，拓展了教育活动发生的时空范围。从 1998 年 9 月教育部正式批准清华大学等 4 所高校为国家现代远程教育第一批试点学校以来，我国网络教育历经了若干年发展期，目前全国已有 68 所普通高等学校和中央广播电视大学开展现代远程教育。网络教育的实施大大加快了我国高等教育的大众化进程，使之成为高等教育的一个重要组成部分；随着它的不断发展，也必将对我国终身教育体系的形成和学习型社会的构建起到极其重要的作用。

华东理工大学是国家"211 工程"重点建设高校，是教育部批准成立的现代远程教育试点院校之一。华东理工大学网络教育学院凭借其优质的教育教学资源、良好的师资条件和社会声望，自创建以来得到了迅速的发展。但网络教育作为一种不同于传统教育的新型教育组织形式，如何有效地实现教育资源的传递，进一步提高教育教学效果，认真探索其内在的规律，是摆在我们面前的一个新的、亟待解决的课题。为此，我们与华东理工大学出版社合作，组织了一批多年来从事网络教育课程教学的教师，结合网络教育学习方式，陆续编撰出版一批包括图书、课程光盘等在内的远程教育系列教材，以期逐步建立以学科为先导的、适合网络教育学生使用的教材结构体系。

掌握学科领域的基本知识和技能，把握学科的基本知识结构，培养学生在实践中独立地发现问题和解决问题的能力是我们组织教材编写的一个主要目的。系列教材包括了计算机应用基础、大学英语等全国统考科目，也涉及了管理、法学、国际贸易、机械、化工等多学科领域。

根据网络教育学习方式的特点编写教材，既是网络教育得以持续健康发展的基础，也是一次全新的尝试。本套教材的编写凝聚了华东理工大学众多在学科研究和网络教育领域中有丰富实践经验的教师、教学策划人员的心血，希望它的出版能对广大网络教育学习者进一步提高学习效率予以帮助和启迪。

涂善东

前　言

现代成本会计是集成本预测、成本决策、成本计划、成本控制、成本核算、成本分析与考核等内容于一体的会计方法体系，是会计学科的重要组成部分，也是会计学专业的核心课程之一。

本书依据《企业会计准则》和有关行业会计制度，吸收会计工作和会计教学的实践经验，结合网络教育的教学特点，着重阐述了企业成本核算与分析的基本理论、方法与技能，具有较强的实用性和操作性。主要特点表现为：

1. 重点突出，以生产过程最为典型的工业企业为背景，对成本核算的理论和方法进行了全面、系统的阐述，强调基本方法及操作技能的掌握和运用。成本计算方法的内容，占了全书的大部分篇幅，而对于成本管理控制方面的问题，限于篇幅，则未展开介绍。

2. 理论联系实际，既立足基本的成本会计理论，又紧密结合成本会计实际工作，将案例贯穿于各章节的相关内容中。

3. 基于笔者长期的成本会计教学实践与经验，遵循教学规律，按照学前引导—学习内容—课后复习、练习的逻辑思路，对本书体系和各章节内容进行安排。各章节编排上做到层次清晰，深入浅出，文字简洁。各章节附有复习思考题和业务计算题，便于授课及自修。

本书可供网络教育学院、成人高等院校会计学专业本科和专科学生学习使用，也可作为其他经济管理专业学生及广大实务工作者学习和参考用书。

本书的编写参考了诸多相关文献，在此对文献作者表示衷心的感谢。同时，感谢对本书的出版付出辛勤劳动的编审人员。

由于编者水平有限，书中难免有不足之处，恳请读者朋友批评指正！

编　者

2015 年 10 月

目录

第一章
总 论

·本章概要·

本章共三节，按照“成本—成本会计—成本会计工作”的顺序展开，为后续进一步学习成本会计核算和管理的理论与方法奠定基础。第一节围绕成本的经济内涵，从广义和狭义上阐述成本的概念以及成本的作用；第二节阐述成本会计的概念、内容和智能；第三节介绍成本会计工作的实际组织形式。

本章应重点掌握成本的含义、成本会计的对象和内容、成本会计工作的基本组织形式等基本理论知识。在学习中，要注意明确成本会计在会计体系中的地位和作用，结合已学的相关会计知识全面理解本章知识点，并结合实践不断深化理解。

·导入案例·

李帆和王鸣是大学同学，在大学阶段学习的是机械制造专业，毕业工作了一段时间后，投资250万元(其中，100万元为银行借款，其余为自有资金投入)，合伙开办了一家玩具厂。

在认真选定了厂址后，他们购入了一批新型的生产设备，并招聘了12名技术工人。玩具厂第一个月的有关生产及财务收支情况如下：设备支出200万元，预付半年的厂房租金12万元，购入原材料10万元(月底还有库存2万元)，发放职工薪酬8万元，发生其他各种有关费用3万元(包括借款利息、广告费用等)；当月实现销售收入25万元。

问题讨论：企业当月的生产经营有盈利吗？企业如何计算产品的成本，如何制定其价格？如何做好成本核算工作，如何设置成本核算岗位？

第一节　成本的经济内涵和作用

一、成本的经济内涵

(一) 成本的一般含义

成本是商品经济的价值范畴，是商品价值的组成部分。所谓成本，就是资源的一种消耗。人们要进行生产经营活动或达到一定目的，就必须耗费一定的资源，其所费资源的货币化及其对象化就称之为成本。它有以下几方面的含义：① 成本是生产和销售一定种类与数量产品而耗费的资源用货币计量的经济价值。企业要生产产品，就必然要消耗生产资料和劳动力，在这里成本就是生产产品所消耗的生产资料的价值和所支付的劳动报酬等，用货币计量就表现为材料费用、折旧费用和工资费用等。同时，企业的经营活动不仅包括生产，还包括销售和管理活动，因此，其所发生的费用，也应计入成本。② 成本是为取得物资资源所应付出的经济价值。企业要进行生产经营活动，必须购置各种生产资料或购进商品，为此而支付的价款和费用，就是各种生产资料的购置成本或商品的采购成本。它们随着生产经营活动的不断进行，就转变为生产成本和销售成本。③ 成本作为实现一定目的而付出资源的价值牺牲，可以是多种资源的价值牺牲，也可以是某种资源的价值牺牲。④ 从更广的含义看，成本是达到一种目的而放弃另一种目的所牺牲的最大的经济价值。

（二）理论成本

按照马克思的成本理论，商品的成本是在正常生产、合理经营条件下的社会平均成本，是生产商品的价值中物化劳动价值和活劳动价值的货币表现。它由物化劳动和活劳动中的必要劳动的价值组成，也就是马克思劳动价值理论 $W=C$（不变资本）$+V$（可变资本）$+M$（剩余价值）中的 $C+V$。成本是企业维持简单再生产的补偿尺度。若按成本提供的补偿尺度得不到满足，企业简单再生产就无法进行。

成本的这一经济内涵，是一种高度的理论抽象和概括。这种符合客观经济内涵的成本，称为“理论成本”。

（三）应用成本

应用成本是理论成本的具体化，也称现实成本、产品成本，是按照现行制度规定的成本开支范围，以正常生产经营活动为前提，根据生产过程中实际消耗的物化劳动的转移价值和活劳动所创造价值中应纳入成本范围的那部分价值的货币表现。

现实成本与理论成本不同，理论成本不考虑生产经营活动中偶然因素和异常情况的消耗，只对正常的物化劳动和活劳动消耗进行货币计量。但在现实经济活动中，很难确定纯粹的 $C+V$ 这种理论成本。加之受到客观条件包括经济工作方针政策和当期生产经营条件变化的影响，使成本在 $C+V$ 与 M 之间存在着一定程度的流动性。在实际工作中，根据不同时期经济管理的要求，对某些不形成商品产品价值的部分也列入成本，如废品损失、财产保险费等，从而导致了实际补偿价值和已消耗的 $C+V$ 不一致，形成了现实成本即产品成本的概念。所谓产品成本，是指企业为生产一定种类、一定数量的产品所发生的各项生产费用的总和。

二、成本的作用

成本的经济内涵决定了成本在经济管理工作中具有十分重要的作用。其作用主要体现在以下四方面。

（一）成本是补偿生产耗费的尺度

为了保证企业再生产的不断进行，必须对生产耗费进行补偿。企业是自负盈亏的商品生产者和经营者，其生产耗费是用自身的生产经营成果，即营业收入来补偿的。而成本是衡量这一补偿份额的尺度。企业在取得营业收入以后，必须把相当于成本的数额划分出来，用以补偿生产经营中的资金耗费。这样，才能维持原有的资金周转；如果企业不能按照成本来补偿生产耗费，企业资金就会短缺，再生产就不能按原来的规模进行。可见，成本作为补偿生产耗费的尺度，对企业的生产经营有着重要的影响。

（二）成本是综合反映企业工作质量的重要指标

成本是一项综合性的经济指标，企业经营管理中各方面工作的业绩，都可以直接或间接地在成本上部分地反映出来。例如，新产品设计的好坏、原材料消耗的节约或浪费、劳动生产率的高低、固定资产的利用情况等，都可以通过成本直接或间接地反映出来。

由于成本是综合反映企业业绩的指标，因而企业可以通过对成本的计划、控制、监督、考核和分析来促使企业及企业内各部门加强成本核算，努力改进成本管理，降低成本，提高经济效益。

（三）成本是制定产品价格应考虑的一项重要因素

在商品经济中，产品价格是产品价值的货币表现。企业在制定产品价格时应遵循价值规律的基本要求。但在实际中，我们不能直接地计算产品的价值，而只能计算产品成本，通过成本间接地掌握产品的价值。如果企业不想亏损，要实现持续经营，必须以产品成本作为其价格的最低标准。当然，产品的定价决策需要考虑很多因素，如宏观经济政策、市场供求关系、同业竞争态势、企业经营战略等。因此，成本是企业在制定产品价格时应考虑的一个重要因素。

（四）成本是企业进行决策的重要依据

企业能否提高经济效益，能否在激烈的市场中立于不败之地，在很大程度上取决于企业的决策者能否作出正确的生产经营决策。进行生产经营决策，需要考虑的因素很多，其中成本是一项重要的因素。这是因为，在其他条件相同的前提下，成本的高低直接影响着企业的盈利多少，影响着企业的竞争能力。

第二节 成本会计的含义、内容和职能

一、成本会计的含义

现代成本会计是企业在生产经营活动过程中，对企业经济资源的利用，进行筹划、核算的原理、方法和制度的综合。它以资源运用的经济有效为最基本的着眼点，对生产经营过程中的耗费进行核算，并根据成本核算和其他资料，采用现代数学和数理统计的原理和

方法，对企业复杂的生产经营活动进行预测、决策、控制、考核，以达到企业生产经营活动实现最优运转的目的。

二、成本会计的内容

传统成本会计是运用会计核算的一般原理和方法，全面系统地记录企业产品生产过程中所发生的各项生产费用，通过归集、分配和汇总，确定各种产品和劳务的总成本和单位成本，以供企业、部门制定决策时参考。也就是说，其内容仅局限于成本核算。在现代成本会计中，成本核算仍然是一项重要的内容，但仅进行事后的记录和核算，已不能满足现代成本管理的要求。因此，现代成本会计的内容更广泛，包括：成本预测、成本决策、成本计划、成本控制、成本核算、成本分析与考核。

（一）成本预测

成本预测是指依据成本与各种技术经济因素的依存关系，结合发展前景及采取的各项措施，并利用一定的科学方法，对未来期间成本水平及其变化趋势做出科学的推测和估计。成本预测的主要内容是：① 在编制成本计划时，应预测企业计划期目标成本，以及在产品产量、品种、质量、价格等因素发生变化时的总成本水平和成本变化趋势。② 在生产过程中，根据生产预测和计划，对期中的成本进行预测，从而揭示成本计划的执行情况。③ 根据日常的核算资料和经营管理的状况，预测单位产品成本水平的变化趋势。④ 运用各项成本指标和有关资料预测企业各项技术经济工作的经济效果。

（二）成本决策

成本决策是指按照决策理论，根据成本预测及其他有关成本资料，运用定性和定量的方法，选择最佳成本方案的过程。成本决策贯穿于企业的整个生产经营过程，涉及面广，其内容主要有：合理生产批量的成本决策、零部件自制或外购的成本决策、接受紧急订货的成本决策、亏损产品是否应停产的成本决策、产品转产的成本决策、自制半成品出售或进一步加工的成本决策，等等。作出最优化的成本决策，是企业制订成本计划的前提，也是实现成本目标和提高经济效益的重要途径。

（三）成本计划

成本计划是指在成本预测和决策的基础上，根据计划期的生产任务、降低成本的要求及其相关资料，通过一定的程序，运用一定的方法，以货币形式表现计划期产品的生产耗费和产品成本水平，作为成本控制与考核的重要依据。企业的成本计划一般包括两部分内容：① 按照生产要素确定的生产耗费，编制生产费用预算；② 按照生产费用的经济用途，即按产品成本项目编制产品单位成本计划和全部产品成本计划。

（四）成本控制

成本控制是指在产品成本形成过程中，通过对产品成本形成的监督，即时发现偏差，采取纠正措施，使生产经营过程中发生的各种费用被限制在成本计划和费用预算标准的范围内，以保证达到降低成本的目标。

燃料。

(3) 外购动力：指企业为进行生产而耗用的一切从外部购进的各种动力。

(4) 职工薪酬：指企业应计入生产费用的职工工资及福利费等。

(5) 折旧费：指企业按规定对用于生产经营的固定资产所计算提取的折旧费。

(6) 利息支出：指企业应计入财务费用的借入款项的利息支出减利息收入后的净额。

(7) 税金：指企业应计入管理费用的各种税金，包括房产税、车船使用税、土地使用税、印花税等。

(8) 其他支出：指不属于以上各项要素的费用支出，如旅差费、邮电费、租赁费、外部加工费和保险费等。

生产费用要素是一种原始形态的费用支出，这种分类可以反映企业一定时期内在生产经营过程中发生了哪些费用，数额是多少，据以分析企业各个时期各种费用的构成和水平。这种费用的划分，能将物化劳动的耗费明显地从劳动耗费中划出来，进行单独地反映，为企业计算工业净产值和国家计算国民收入提供资料，也可为企业控制流动资金占用及编制材料采购计划提供依据。

但是，这种分类不能说明各项费用的用途，因而不便于分析各种费用的支出是否节约、合理。

二、费用按经济用途的分类

工业企业发生的生产经营费用，按经济用途可分为计入产品成本的生产费用和不计入产品成本的生产费用(直接计入当期损益的期间费用)两类。对于计入产品成本的生产费用，按其用途还可以进一步划分为若干项目，在会计上称为产品成本项目。工业企业一般应设置以下几个成本项目。

(1) 原材料：也称直接材料，指直接用于产品生产并构成产品实体的原料、主要材料与外购半成品，以及有助于产品形成的辅助材料费用。

(2) 燃料和动力：指直接用于产品生产的各种燃料和动力费用。

(3) 工资和福利费：也称直接人工，指直接参加产品生产的工人工资及福利费等薪酬费用。

(4) 制造费用：指间接用于产品生产的各项费用，以及虽直接用于产品生产，但不便于直接计入产品成本，因而没有专设成本项目的费用(如机器设备的折旧费)。制造费用包括企业内部生产单位的管理人员薪酬费用、固定资产折旧费、修理费、租赁费、办公费、水电费、机物料消耗费用和劳动保护费用等。

以上按经济用途划分的各个成本项目也不是固定不变的，企业可根据生产特点和管理要求来决定。对于管理上需要单独反映、控制和考核的费用，以及产品成本中比例较大的费用，应专设成本项目；否则，为了简化核算，不必专设成本项目。例如，如果废品较多，或者废品损失在产品成本中所占比例较大，在管理上需要对其进行重点控制和考核，则应单设“废品损失”成本项目;在有停工损失的企业,可设“停工损失”成本项目进行核算。又如,如果工艺上耗用的燃料和动力不多,为了简化核算,可将其中的工艺用燃料和动力费用并入“原材料”成本项目,将其中的工艺用动力费用并入“制造费用”成本项目。

三、生产费用的其他分类

(一) 生产费用按与生产工艺的关系分类

计入产品成本的各项生产费用,按与生产工艺的关系,可以分为直接生产费用和间接生产费用。直接生产费用是指由于生产工艺本身引起的、直接用于产品生产的各项费用,如原材料费用、生产工人工资和机器设备折旧费等。间接生产费用是指与生产工艺没有联系,间接用于产品生产的各项费用,如机物料消耗、辅助工人工资和车间厂房折旧费等。

(二) 生产费用按计入产品成本的方法分类

计入产品成本的各项生产费用,按计入产品成本的方法,可以分为直接计入费用(一般称为直接费用)和间接计入费用(一般称为间接费用)。直接计入费用是指可以分清哪种产品所耗用、可以直接计入某种产品成本的费用。间接计入费用是指不能分清哪种产品所耗用、不能直接计入某种产品成本,而必须按照一定标准分配计入有关的各种产品成本的费用。

生产费用按与生产工艺的关系分类和按计入产品成本的方法分类之间既有联系又有区别。它们之间的联系表现在:直接生产费用在多数情况下是直接计入费用,间接生产费用在多数情况下是间接计入费用。但它们毕竟是对生产费用的两种不同分类,直接生产费用与直接计入费用、间接生产费用与间接计入费用不能等同。例如,在只生产一种产品的企业中,直接生产费用和间接生产费用都可以直接计入这种产品的成本,因而均属于直接计入费用;又如,在用同一种原材料同时生产出几种联产品的企业中,直接生产费用和间接生产费用都需要按照一定标准分配计入有关的各种产品成本,因而均属于间接计入费用。

第三节　产品成本核算的一般程序

产品成本核算的一般程序是指对企业在生产经营过程中发生的各项费用,按照成本核算的要求,逐步进行归集和分配,最后计算出各种产品成本的基本过程。根据前述的成本核算要求和费用的分类,可将成本核算的一般程序归纳如下。

一、确定成本计算对象

成本计算对象是生产费用的归集对象和生产耗费的承担者。它是设置产品成本计算单和计算产品成本的前提。由于企业的生产特点和管理要求的不同,企业成本计算对象

2. 建立和健全领、发料凭证制度

工业企业发出材料，主要是生产车间管理部门领用，此外，还可能由于对外销售和委托加工等原因而发出材料。为了正确计算发出材料的价值和产品成本中的材料费用，领发材料必须严格办理凭证手续，生产领用材料要办理的凭证手续一般有“领料单”、“限额领料单”、“领料登记表”等。

(1) 领料单

领料单是一种由领料车间、部门按用途分别填制的一次性使用的领发料凭证。其格式如表 3－1 所示。在企业中，它适用于零星消耗材料和不经常领用材料的领发业务。

表 3－1　领 料 单

领料单位：　　　　　　　　用途：　　　　日期：　　　　　　发料仓库：

材料编号	材料类别	名称	规格	计量单位	数量		成本	
					请领	实发	单价	金额

(2) 限额领料单

限额领料单是一种对指定的材料在规定领料限额内，多次使用的领发料凭证。限额领料单如表 3－2 所示。在工业企业中，这种领发凭证通常用于有消耗定额的材料领发。

表 3－2　限 额 领 料 单

年　月

领料单位：＿＿＿＿　　　材料名称：＿＿＿＿　　　发料仓库：＿＿＿＿

计划产量：＿＿＿＿　　　单位消耗定额：＿＿＿＿　　　编号：＿＿＿＿

材料编号	材料名称	规格	计量单位	单位	领用限额	全月实用	
						数量	金额

领料日期	请领数量	实发数量	领料人签章	发料人签章	限额结余
合计					

供应部门负责人：　　　　　　　生产部门负责人：　　　　　　　仓库管理员：

(3) 领料登记表

在工业企业中，对一些生产上领发次数很多，数量零星、价值不大的辅助材料，如螺丝、螺帽、垫圈等，平时可以不填领料单而由领料人在领料登记表登记领用数量，并签章证明办理领料手续，月终由领料车间、部门按用途汇总填制领料单，以简化凭证手续，其格式如表 3－3 所示。

表 3－3　领料登记表

材料类别：　　　　　　　　　　　　领料单位：
材料编号：　　　　　　　　　　　　发料仓库：
材料名称规格：　　　　　　　　　　计量单位：

日　期	领用数量		发料人	领料人	备　注
	当日	累计			
材料单价：		合计金额：			

3. 建立和健全材料退库和盘点制度

企业对月中已领未用材料的退料和盘点工作，也是正确计算材料费用的重要一环。

（1）月中车间已领未用的材料，应办理退料手续，以正确计算本期材料费用。下月不再使用的材料，应填制退料单或填写红字领料单，送仓库收料。采用限额领料单的也可以在单中用红字填写退料数量，以冲减本月领用数。下月继续使用的，则办理假退手续，即同时填写本月退料单和下月领料单，材料不退回仓库。如需办理退料手续的材料较多，也可填制已领未用材料清单，送交财会部门，据以转账。

（2）无论材料的计量是采用永续盘存制，还是实地盘存制，通常要求至少一年进行一次实地盘点，以检查材料的储存保管情况，及其实存数与账存数是否相符。材料的盘点有定期的全面盘点和经常的轮流盘点，盘点的方法有点数、过磅、尺量和技术上测算等。

材料的清查盘点涉及面广、工作量大、业务技术要求高，是一项复杂而细致的工作。为此，企业在材料盘点前，要做好账簿和实物的准备工作；清查过程中，要认真仔细对所清查的材料点数、过磅、测量，做好清查记录，分清是否超储、积压或不需要，并编制"材料盘点报告表"，登记清查结果，及时处理存在的问题，为材料费用的准确核算奠定基础。

（二）发出材料成本的确定

发出材料成本的确定主要解决期末库存材料与本期耗用材料之间成本的分配。这不仅涉及正确计算材料的取得成本，而且还涉及材料日常核算的计价方式。企业的材料有两种计价方法，一是按实际成本计价，二是按计划成本计价，企业可根据本单位的实际情况选用。

1. 发出材料按实际成本计价方法

材料的核算按实际成本计价时，由于取得材料来源的地点和时间不同，即使是同一种品种、同一规格的材料，其采购的实际成本很可能是不同的，此时就产生了不同的发出材料的计价方法。在我国《企业会计准则》中规定，企业可以选择采用个别计价法、先进先出法、加权平均法、移动平均法等方法。

(1) 个别计价法

个别计价法，又称个别认定法、具体辨认法。采用这种方法是假设材料的成本流转与实物流转相一致，按照各种材料，逐一辨认各批发出材料和期末材料所属的购进批别或生产批别，分别按其购入或生产时所确定的单位成本作为计算各批发出材料和期末材料成本的方法。

采用这种方法，计算发出材料的成本和期末存货的成本比较合理、准确，但这种方法的前提是需要对发出和结存材料的批次进行具体认定，以辨认其所属的收入批次，所以实务操作的工作量繁重，困难较大。这种方法主要适用于材料收发业务小、品种少的企业或为某一特定项目专门购入并单独存放的材料。

(2) 先进先出法

先进先出法是假定先购入的材料先发出去，第一批材料发完后再发第二批，这样顺着次序按各批材料的实际成本计算发料成本。

[例 3-1] 某企业 200 * 年甲种材料明细账如表 3-4 所示。

表 3-4　材料明细账

材料名称：甲材料　　　　金额单位：元

200 *		摘要	收入			发出			结存		
月	日		数量(kg)	单价(元/kg)	金额	数量(kg)	单价(元/kg)	金额	数量(kg)	单价(元/kg)	金额
1	1	期初余额							150	50	7 500
	10	购入	450	60	27 000				150 450	50 60	7 500 27 000
	12	发出				150 250	50 60	7 500 15 000	200	60	12 000
	18	购入	300	70	21 000				200 300	60 70	12 000 21 000
	20	发出				200 200	60 70	12 000 14 000	100	70	7 000
	24	购入	100	80	8 000				100 100	70 80	7 000 8 000
	31	本月发生额及期末余额	850	—	56 000	800	—	48 500	100 100	70 80	7 000 8 000

应用先进先出法进行计价时，由于材料期末结存数是按照后进的实际成本计算，从而期末材料价值接近现行(重置)成本，但进入产品成本的材料费，由于是按照先进的实际成

本计算，将远离现行成本。如果各批材料取得的成本比较稳定，则不论对产品成本还是库存材料价值的影响都不大，但如果材料的取得成本不断上涨，则会使计算出来的产品成本偏低，利润就会虚增。

(3) 加权平均法

加权平均法是将某材料的月初库存金额加本月购入的金额之和除以月初库存数量与本月购入数量之和，所求得的该种材料月末平均单价，即作为本月发出材料成本的单价，其计算公式如下：

$$月末平均单价=\frac{月初库存材料金额+本月购进的各批材料金额}{月初库存材料数量+本月购进的各批材料数量}$$

$$发出材料成本=发出材料数量\times 月末平均单价$$

仍以[例 3－1]为基础，采用加权平均法计算的材料成本如下：

$$甲材料平均单位成本=\frac{7\,500+27\,000+21\,000+8\,000}{150+450+300+100}=63.5(元)$$

$$本月发出材料成本=63.5\times 800=50\,800(元)$$

$$月末库存材料成本=63.5\times 200=12\,700(元)$$

加权平均法的优点是计算手续简便，而且在市场价格上涨或下跌时所计算出来的单位成本平均化，对材料成本的分摊较为折中。缺点是采用这种方法，必须到月末才能计算全月的加权平均单价，不利于核算的及时性。另外，这种方法平时无法从账上提供发出和结存材料的单价及金额，不便于加强材料资金的日常管理。

(4) 移动平均法

移动平均法又称移动加权平均法，是每次购入材料后要重新计算加权平均单位成本，即将本次购进材料的金额与本次购料前结存材料金额之和除以本次购进材料的数量与本次购料前结存材料数量之和，求得移动平均单价，作为本月计算某种材料每批次发出材料成本的单价，其计算公式如下：

$$移动平均单价=\frac{本次进料金额+本次进料前结存材料金额}{本次进料数量+本次进料前结存材料数量}$$

$$发出材料成本=发出材料数量\times 移动平均单价$$

仍以[例 3－1]中的资料为基础，采用移动平均法计算的材料成本如下：

$$第一批收货后的平均单位成本=\frac{7\,500+27\,000}{150+450}=57.5(元)$$

$$第一批发货的材料成本=400\times 57.5=23\,000(元)$$

$$当时结存的存货成本=200\times 57.5=11\,500(元)$$

$$第二批收货后的平均单位成本=\frac{11\,500+21\,000}{200+300}=65(元)$$

$$第二批发货的材料成本 = 400 \times 65 = 26\,000(元)$$

$$当时结存的存货成本 = 100 \times 65 = 6\,500(元)$$

$$第三批收货后的平均单位成本 = \frac{6\,500 + 8\,000}{100 + 100} = 72.5(元)$$

该种材料月末结存200件,月末存货成本为$200 \times 72.5 = 14\,500$元,本月发出材料成本合计为$23\,000 + 26\,000 = 49\,000$元。

移动平均法的优点是能够随时计算平均单位成本,有利于管理部门及时了解材料的结存情况,而且计算的平均单位成本以及发出和结存的材料成本比较客观。但缺点是计算工作量大,只能在那些进货次数少的材料中应用。

2. 发出材料按计划成本计价方法

计划成本法是指每一种材料的收入、发出和结余均按预先制定的计划成本计价。由于生产领用都是按照计划成本进行计价的,因此,企业应于每月末按当月发出材料的计划成本与材料成本差异率计算分摊材料成本差异额,将发出材料的计划成本调整为实际成本。

材料成本差异额是材料实际成本与计划成本的差额,其计算公式如下:

材料成本差异额 = 材料实际成本 − 材料计划成本

(差异额正数为超支额,负数为节约额)

材料成本差异率是材料成本差异额与材料计划成本的比率。材料成本差异率有三种。

(1) 累计材料成本差异率

累计材料成本差异率是累计材料成本差异额与累计材料计划成本的比率,其计算公式如下:

$$累计材料成本差异率 = \frac{月初结存材料成本差异额 + 本月收入材料成本差异额}{月初结存材料的计划成本 + 本月收入材料的计划成本} \times 100\%$$

(2) 上月材料成本差异率

上月材料成本差异率是指月初结存材料差异额与月初结存材料的计划成本的比率,据以反映结存材料的成本差异情况,其计算公式如下:

$$上月材料成本差异率 = \frac{月初结存材料成本差异额}{月初结存材料计划成本} \times 100\%$$

(3) 本月收入材料成本差异率

本月收入材料成本差异率是指本月收入材料的成本差异额与本月收入材料计划成本的比率,据以反映本月材料采购成本差异情况。其计算公式如下:

$$本月收入材料成本差异率 = \frac{本月收入材料成本差异额}{本月收入材料计划成本}$$

根据所计算的各类别材料成本差异率和本月各种发出材料的计划成本,就可以计算出本月发出材料的实际成本。计算公式如下：

$$发出材料应负担的差异额 = 发出材料的计划成本 \times 材料成本差异率$$

$$发出材料的实际成本 = 发出材料的计划成本 \pm 发出材料应负担的差异额$$

[例 3－2] 某企业月初库存材料的计划成本为 32 000 元，实际成本为 30 650 元。本月收入材料的计划成本为 84 000 元，实际成本为 82 450 元。本月发出材料的计划成本为 60 000 元。要求计算本月发出材料的实际成本。

$$月初结存材料的成本差异额 = 30\,650 - 32\,000 = -1\,350(元)$$

$$本月收入材料的成本差异额 = 82\,450 - 84\,000 = -1\,550(元)$$

$$累计材料成本差异率 = \frac{-1\,350 - 1\,550}{32\,000 + 84\,000} = -2.5\%$$

$$发出材料应负担的差异额 = 60\,000 \times (-2.5\%) = -1\,500(元)$$

$$发出材料的实际成本 = 60\,000 - 1\,500 = 58\,500(元)$$

在计划成本法下，材料明细账可以只记收入、发出和结存的数量，将数量乘以计划成本，随时求得材料收、发、存的金额，通过“材料成本差异”科目计算和调整发出、结存材料的实际成本，简便易行。同时，有了合理的计划成本之后，将实际成本与计划成本对比，可以对有关部门进行考核，促使其降低成本，节约支出。

三、材料费用的分配

对于某种产品单独耗用材料的费用，可将构成产品重要实体的原料及主要材料费用、有助于该种产品形成的辅助材料费用，以及直接用于该产品生产的燃料及动力费用等直接计入该种产品成本明细账中的“直接材料”项目中；对于几种产品共同耗用某种材料，则应采取分配的方法分配计入。常用的分配方法有：定额消耗量比例分配法、产品材料定额费用比例分配法、产品产量比例分配法、产品重量比例分配法等。

1. 定额消耗量比例分配法

定额消耗量比例分配法是按照产品材料定额消耗量比例分配材料费用的方法。它适用于各种材料消耗定额比较健全而且相对准确的材料费用的分配。它的计算分配程序是：第一，计算各种产品直接材料定额消耗量；第二，计算直接材料消耗量分配率；第三，计算出各种产品应分配的直接材料实际消耗量；第四，计算出各种产品应分配的材料实际费用。计算公式如下：

$$某产品的定额消耗量 = 该种产品实际产量 \times 产品的单位消耗定额$$

$$材料消耗量分配率 = \frac{材料实际消耗总量}{各种产品定额消耗量之和}$$

$$某种产品应分配的材料实际消耗量 = 该种产品的材料定额消耗量 \times 材料消耗量分配率$$

$$某种产品应分配的实际材料费用 = 该种产品应分配的材料实际消耗量 \times 材料单价$$

[例3-3]　某企业生产甲、乙两种产品，共同耗用原材料13 800 kg，每kg 1.5元，共计20 700元。生产甲产品1 000件，每件产品材料消耗定额为8 kg；生产乙产品700件，每件产品材料消耗定额为5 kg。材料费用分配过程如下：

(1) 甲产品原材料定额消耗量 = 1 000 × 8 = 8 000(kg)

乙产品原材料定额消耗量 = 700 × 5 = 3 500(kg)

(2) 原材料消耗量分配率 $= \dfrac{13\,800}{8\,000 + 3\,500} = 1.2$

(3) 甲产品应分配的材料实际消耗量 = 8 000 × 1.2 = 9 600(kg)

乙产品应分配的材料实际消耗量 = 3 500 × 1.2 = 4 200(kg)

(4) 甲产品应分配的材料费用 = 9 600 × 1.5 = 14 400(元)

乙产品应分配的材料费用 = 4 200 × 1.5 = 6 300(元)

上列计算分配，可以考核原材料消耗定额的执行情况，有利于加强原材料消耗的实物管理，但分配计算的工作量较大。为了简化分配计算的工作量，也可以采用按原材料定额消耗量的比例，直接分配原材料费用。仍以上例资料计算分配如下：

(1) 原材料费用分配率 $= \dfrac{\text{原材料实际费用总额}}{\text{各种产品原材料定额消耗量之和}}$

$$= \frac{20\,700}{8\,000 + 3\,500} = 1.8$$

(2) 甲产品应分配原材料费用 = 8 000 × 1.8 = 14 400(元)

乙产品应分配原材料费用 = 3 500 × 1.8 = 6 300(元)

上述两种分配方法计算结果相同。但后一种方法不能提供各种产品原材料实际消耗量资料，不利于加强原材料消耗的实物管理。

2. 产品材料定额费用比例分配法

产品材料定额费用比例分配法是以产品材料定额成本为标准分配材料费用的一种方法。它适用于生产多种产品或多种产品共同耗用多种材料费用的情况。计算分配程序是：第一，计算各种产品原材料定额费用；第二，计算单位原材料定额费用应分配原材料实际费用(即原材料费用分配率)；第三，计算出各种产品应分配的原材料实际费用。其计算公式如下：

某种产品材料定额费用 = 该种产品实际产量 × 产品的单位消耗定额 × 材料单价

$$\text{原材料费用分配率} = \frac{\text{各种产品材料实际费用总额}}{\text{各种产品材料定额费用总额}}$$

某种产品应分配的实际材料费用 = 该种产品材料定额费用 × 材料费用分配率

[例3-4]　某企业生产甲、乙两种产品，共同领用A、B两种主要材料，共计21 8000元。本月投产甲产品120件，乙产品100件。甲产品材料消耗定额：A材料6 kg，B材料4 kg；乙产品材料消耗定额：A材料3 kg，B材料5 kg。A材料单价10元，B材料单价8

元。分配计算如下。

(1) 甲、乙产品材料定额费用

甲产品：A材料定额费用 = 120 × 6 × 10 = 7 200(元)

B材料定额费用 = 120 × 4 × 8 = 3 840(元)

甲产品材料定额费用合计 11 040 元

乙产品：A材料定额费用 = 100 × 3 × 10 = 3 000(元)

B材料定额费用 = 100 × 5 × 8 = 4 000(元)

乙产品材料定额费用合计 7 000 元

(2) 材料费用分配率 $= \dfrac{21\,800}{11\,040 + 7\,000} = 1.208\,4$

(3) 甲、乙产品应分配实际费用

甲产品：11 040 × 1.208 4 = 13 341.02(元)

乙产品：7 000 × 1.208 4 = 8 458.98(元)

3. 产品产量比例分配法

产品产量比例分配法是按各种产品的产量比例分配材料费用的一种方法。当产品的产量与所分配的材料费用成正比例变动时，可以采用这种方法进行材料费用的分配。其计算公式如下：

$$\text{材料费用分配率} = \frac{\text{各种产品消耗的材料费用总额}}{\text{各种产品实际产量之和}}$$

$$\text{某种产品应分配的材料费用} = \text{该种产品实际产量} \times \text{材料费用分配率}$$

[例 3-5]　某企业生产甲、乙两种产品，共同耗用一种原材料 4 000 kg，35 元/kg。甲产品的实际产量为 2 000 件，乙产品的实际产量为 800 件。采用产品产量比例分配法分配材料费用的结果如下：

$$\text{材料费用分配率} = \frac{4\,000 \times 35}{2\,000 + 800} = 50$$

甲产品应分配的材料费用 = 2 000 × 50 = 100 000(元)

乙产品应分配的材料费用 = 800 × 50 = 40 000(元)

4. 产品重量比例分配法

产品重量比例分配法是按各种产品的重量比例分配材料费用的一种方法。当产品耗用材料费用的多少与产品的重量有着密切联系时，可以根据产品重量标准进行分配。其计算公式如下：

$$\text{材料费用分配率} = \frac{\text{各种产品消耗的材料费用总额}}{\text{各种产品实际重量之和}}$$

$$\text{某种产品应分配的材料费用} = \text{该种产品实际重量} \times \text{材料费用分配率}$$

［例 3-6］ 某企业生产甲、乙两种产品，共同耗用一种原材料 5 000 kg，20 元/kg。甲产品的重量为 6 500 kg，乙产品的重量为 3 500 kg。采用产品重量比例法分配材料费用的计算结果如下：

$$材料费用分配率 = \frac{5\,000 \times 20}{6\,500 + 3\,500} = 10$$

$$甲产品应分配的材料费用 = 6\,500 \times 10 = 65\,000(元)$$

$$乙产品应分配的材料费用 = 3\,500 \times 10 = 35\,000(元)$$

各种材料费用的分配是通过编制材料费用分配表进行的，材料费用分配表是按车间、部门和材料的类别，根据归类后的领退料凭证和其他有关资料编制的。材料费用分配表的格式和举例如表 3-5 所示。

表 3-5 材料费用分配表

车间或部门名称： 20 ** 年 6 月 单位：元

应借科目	直接计入金额	分配计入		材料费用合计
		定额消耗量(kg)	分配金额（分配率 1.8）	
基本生产成本—甲产品	3 040	8 000	14 400	17 440
—乙产品	1 080	3 500	6 300	7 380
小计	4 120	11 500	20 700	24 820
辅助生产成本—供电	1 200			1 200
—供水	950			950
小计	2 150			2 150
制造费用	800			800
管理费用	750			750
销售费用	720			720
合计	8 540		20 700	29 240

根据材料费用分配表编制会计分录，据以登记有关总账和明细账。会计分录如下：

借：基本生产成本—甲产品 17 440

　　　　　　　　—乙产品 7 380

　　辅助生产成本—供电 1 200

　　　　　　　　—供水 950

　　制造费用 800

　　管理费用 750

　　销售费用 720

　贷：原材料 29 240

四、燃料费用的核算

燃料实际上也是材料，如果燃料费用在产品成本中比例较大，可以与动力费用一起专设“直接燃料与动力”成本项目，还应增设“燃料”会计科目，单独核算燃料的增减变动和结存，以及燃料费用的分配情况。燃料费用的分配与直接材料费用的分配程序和方法相同，这里不再赘述。

五、低值易耗品费用的核算

低值易耗品是指单位价值较低、使用年限较短，不能作为固定资产的各种用具、设备。如工具、管理用具、玻璃器皿以及在经营过程中周转使用的包装容器等。

由于低值易耗品在生产过程中多次周转使用，而不改变其原有的实物形态，其价值也是逐渐地转移或损耗。但它是作为流动资产来管理、核算的，不能像固定资产那样，采用折旧的方式将其价值损耗计入企业的成本、费用，因而只能采用摊销的方法将其转移或损耗的价值摊入成本、费用中。但是低值易耗品摊销额在产品成本中所占比例较小，又没有专设成本项目，因此，用于生产应计入产品成本的低值易耗品摊销应计入“制造费用”科目；用于组织和管理生产经营活动的摊销，应计入“管理费用”科目；用于其他经营业务的摊销，则应计入“其他业务支出”科目等。

低值易耗品的摊销方法通常有：一次摊销法、分次摊销法和五五摊销法。

1. 一次摊销法

指在领用低值易耗品时，就将其价值一次计入成本、费用的摊销方法。即领用时借记“制造费用”、“管理费用”、“其他业务支出”等，贷记“低值易耗品”科目。报废时，报废的残料价值冲减有关的成本、费用，作为当月摊销的减少，借记“原材料”等科目，贷记“制造费用”、“管理费用”、“其他业务支出”等科目。

低值易耗品采用按计划成本进行日常核算时，低值易耗品领用应按计划成本编制会计分录；月末，还要通过“材料成本差异”科目调整低值易耗品的成本差异。

[例3－7] 假定某企业生产车间领用低值易耗品采用一次摊销法，低值易耗品的计划成本为2 000元，该月低值易耗品的成本差异率为4%，再假定报废时回收残料价值50元。编制会计分录如下：

领用低值易耗品时，

借：制造费用　　2 000

　贷：低值易耗品　　2 000

月末结转成本差异，

借：制造费用　　80

　贷：材料成本差异　　80

回收废料，

借：原材料 50

　贷：制造费用 50

一次摊销法核算简便，但费用负担不够均匀，主要适用于领用数量不多，价值较低，使用期限较短或者容易破损的低值易耗品的摊销。

2. 分次摊销法

指根据低值易耗品的原价和预计的使用期限，将低值易耗品的价值分次摊入成本、费用的摊销方法。在分次摊销法下，应在“低值易耗品”总账科目下分设“在库”、“在用”和“摊销”三个二级科目。从仓库领出交使用部门时，借记“低值易耗品—在用”科目，贷记“低值易耗品—在库”科目；分月摊销时，借记“制造费用”、“管理费用”、“其他业务支出”等科目，贷记“低值易耗品—摊销”科目。报废时，报废的残料价值冲减有关的成本、费用，作为当月低值易耗品摊销的减少，借记“原材料”科目，贷记“制造费用”、“管理费用”等科目，同时注销其累计已摊销额，借记“低值易耗品—摊销”科目，贷记“低值易耗品—在用”科目。低值易耗品采用按计划成本进行日常核算时，领用时应按计划成本编制会计分录；月末，还要通过“材料成本差异”科目调整低值易耗品的成本差异。

[例 3-8] 假定某企业生产车间领用低值易耗品采用分次摊销法，领用一批低值易耗品的计划成本为 45 000 元，低值易耗品的成本差异率为－4%，该批低值易耗品在一年内每月平均摊销。编制会计分录如下：

领用低值易耗品时，

借：低值易耗品—在用 45 000

　贷：低值易耗品—在库 45 000

本月摊销低值易耗品价值，

借：制造费用 3 600

　贷：低值易耗品—摊销 3 600

月末结转成本差异，

借：材料成本差异 1 800

　贷：制造费用 1 800

采用这种方法，有利于成本、费用的合理、均衡负担。它主要是用于使用期限较长、单位价值较高或一次领用数量较大的低值易耗品的摊销。

3. 五五摊销法

五五摊销法是指在领用低值易耗品时，摊销其价值的一半，报废时再摊销其价值的另一半。这种方法下低值易耗品二级科目的设置与分次摊销法下的相同。从库存领出交使用部门时，借记“低值易耗品—在用低值易耗品”科目，贷记“低值易耗品—在库低值易耗品”科目，同时，按其价值的 50%计算摊销额，借记“制造费用”、“管理费用”、“其他业务支出”等，贷记“低值易耗品—低值易耗品摊销”科目。报废时如有残值，借记“原材料”等科目，贷记“低值易耗品—在用低值易耗品”科目，以示冲减。同时进行低值易耗品报废时的摊销,按报废低值易耗品价值的50%减去残值后的差额,借记“制造费用”、“管理费用”、“其他业务支出”等,贷记“低值易耗品—低值易耗品摊销”科目。此外还应将报废低值易耗品的价值及其累计摊销额注销,借记“低值易耗品—低值易耗品摊销”科目,贷记“低值易耗品—在用低值易耗品”科目。如果低值易耗品按计划成本进行日常核算,月末也要调整所领低值易耗品的计划成本。

[例3-9] 假定某企业行政管理部门领用低值易耗品采用五五摊销法,领用一批低值易耗品的计划成本为3 000元;报废以前领用的另一批管理工具计划成本为900元,回收残料计价60元。本月低值易耗品的成本差异率为节约2%。编制会计分录如下。

领用时,

借:低值易耗品—在用低值易耗品　　3 000

　贷:低值易耗品—在库低值易耗品　　3 000

借:管理费用　　1 500

　贷:低值易耗品—低值易耗品摊销　　1 500

报废以前领用管理用具的摊销额,

借:原材料　　60

　管理费用　　390

　　贷:低值易耗品—低值易耗品摊销　　450

注销报废管理用具,

借:低值易耗品—低值易耗品摊销　　900

　贷:低值易耗品—在用低值易耗品　　900

月末,调整本月所领管理用具的成本节约额

借:管理费用　　[60]

　贷:材料成本差异—低值易耗品成本差异　　[60]

采用五五摊销法便于对低值易耗品进行价值监督,成本费用的负担比一次摊销法合理,但核算的工作量比一次摊销法大。这种方法适用于需要按车间、部门进行在用低值易耗品数量和金额明细核算的企业,或适用于每月领用、报废比较均衡的低值易耗品。

第三节　外购动力费用的核算

外购动力费用是指外部购买的各种动力,如电力、热力、风力和蒸汽等动力费用。外购动力有的直接用于产品生产,如生产工艺用电;有的间接用于产品生产,如生产车间照明用电、运输工具上的动力;有的则用于经营管理,如企业行政管理部门的照明、空调等用电。在有计量仪器记录的情况下,直接根据仪器所记的耗用数量和单价计算;在没有计量仪器的情况下,要根据一定的标准在各种产品之间进行分配。分配标准一般有两种:一种是按实耗数量比例分配；一种是按定额消耗量比例分配。

直接用于产品生产的动力费用，应借记“基本生产成本”总账科目及所属产品成本明细账“燃料及动力”成本项目；直接用于辅助生产有单独设置“燃料及动力”成本项目的动力费用，借记“辅助生产成本”总账科目及所属明细账“燃料及动力”成本项目；用于基本生产车间和辅助生产车间如照明用电，以及行政管理部门如照明及取暖用电等，应分别借记“制造费用”、“辅助生产成本”、“管理费用”等总账科目及其所属明细账有关项目；如果基本生产成本和辅助生产成本不单独设置“燃料及动力”成本项目，发生的燃料动力费用则应借记“制造费用”科目及其明细账有关项目，贷记“应付账款”或“银行存款”科目。

外购动力费用分配是通过编制外购动力费用分配表进行的，根据该分配表编制会计分录，据以登记有关总账和明细账。外购动力费用分配表格式如表 3 - 6 所示。

表 3 - 6　外购动力费用分配表

20** 年 * 月

应借科目		成本或费用项目	生产工时（分配率 0.2）	度数（分配率 0.4）	金额（元）
基本生产成本	甲产品	燃料及动力	50 000		10 000
	乙产品	燃料及动力	40 000		8 000
	小　计		90 000	45 000	18 000
辅助生产成本	供　水	水电费		6 000	2 400
	供　电	水电费		2 500	1 000
	小　计			8 500	3 400
制造费用		水电费		7 500	3 000
管理费用		水电费		5 000	2 000
产品销售费用		水电费		4 000	1 600
合　计				70 000	28 000

甲、乙产品的动力费用分配计算如下。

$$\text{动力费用分配率} = \frac{18\,000}{50\,000 + 40\,000} = 0.2$$

$$\text{甲产品动力费用} = 50\,000 \times 0.2 = 10\,000(\text{元})$$

$$\text{乙产品动力费用} = 40\,000 \times 0.2 = 8\,000(\text{元})$$

会计分录：

借：基本生产成本　　18 000

　　辅助生产成本　　3 400

制造费用　　3 000
管理费用　　2 000
销售费用　　1 600
贷：应付账款（或银行存款）　　28 000

第四节　人工费用的核算

一、人工费用的核算内容

企业的人工费用，即职工薪酬费用，是指企业为获得职工提供的服务而给予各种形式的报酬以及其他相关支出。根据《企业会计准则第 9 号——职工薪酬》，职工薪酬主要包括以下内容。

（1）职工工资、奖金、津贴和补贴：指按照构成工资总额的计时工资、计件工资、支付给职工的超额劳动报酬和增收节支的劳动报酬、为补偿职工特殊或额外劳动消耗和因其他特殊原因支付给职工的津贴，以及为保证职工工资水平不受物价上升的影响而支付给职工的物价补贴等。

（2）职工福利费：主要包括职工因公负伤外地就医路费、职工生活困难补助、未实行医疗统筹企业的职工医疗费用，以及按规定发生的其他职工福利支出。

（3）医疗保险费、养老保险费等社会保险费：指企业按照国家规定的基准和比例计算，向社会保险经办机构缴纳的医疗保险费、养老保险费、失业保险费、工伤保险费和生育保险费等。

（4）住房公积金：指按照国家规定的基准和比例计算，向住房公积金管理机构缴纳的住房公积金。

（5）工会经费和职工教育经费：指企业为了改善职工文化生活，为职工学习先进技术和提高文化水平和业务素质，用于开展工会活动和职工教育及职业技能培训等相关支出。

（6）非货币性福利。

（7）因解除与职工的劳动关系而给予的补偿。

（8）其他与获得职工提供的服务相关的支出。

为了全面核算人工费用，企业应设置“应付职工薪酬”账户。该账户借方登记本月实际支付的人工费用和从应付职工薪酬中扣还的各种款项；贷方登记本月应付的薪酬数额；其明细账根据企业的具体情况，按职工类别、职工薪酬的组成内容进行核算。对其应付薪酬总额，不论是否在当月支付，都应通过“应付职工薪酬”账户进行核算。

二、工资费用的计算和归集

工资的计算是企业工资费用归集的基础。在企业中，职工工资结算一般是在月末，根据考勤记录和产量记录，计算应该发放给每一位职工的工资，按照职工所在车间或单位汇总编制“工资结算单”，进而汇总全厂各单位的“工资结算单”，编制“工资结算汇总表”，进行总分类核算。由于各类企业实行的工资制度不同，具体的计算方法应根据企业的具体规定进行。以下介绍两种常用方法，即计时工资和计件工资的计算方法。

（一）计时工资的计算

计时工资是指按计时工资标准、考勤记录和有关制度计算支付给个人的报酬。具体计算构成又因采用月薪制或日薪制而有所不同。

1. 月薪制下计时工资的计算

月薪制下计时工资是根据职工的月工资标准扣除缺勤工资计算的。目前我国企业与职工工资结算是按月进行的，就称为月薪制，在月薪制下，不论各月的日历天数有多少，也不论各月的星期日和国定假日有多少，每月的标准工资是相同的，职工只要出满一个月应出勤的天数，就可以得到月标准工资。

在月薪制下，虽然职工各自的每月月工资标准是相同的，但由于职工每月出勤和缺勤的情况不同，每月的应得计时工资也不尽相同。在职工有缺勤的情况下，计算有缺勤的职工的应得计时工资有两种方法：其一，按月工资标准扣除缺勤天数应扣工资额计算；其二，直接根据职工的出勤天数计算。具体计算公式如下：

（1）月工资扣除缺勤工资，其计算公式为：

$$\text{某职工应得计时工资} = \text{该职工月标准工资} - (\text{事假旷工天数} \times \text{日工资率}) - (\text{病假天数} \times \text{日工资率} \times \text{病假扣款率})$$

（2）按出勤日数计算工资，其计算公式为：

$$\text{某职工应得计时工资} = \text{该职工本月出勤天数} \times \text{日工资率} + \text{病假天数} \times \text{日工资率} \times (1 - \text{病假扣款率})$$

上列公式中的日工资率的计算为：

$$\text{日工资率} = \frac{\text{月标准工资}}{\text{平均每月工作日数}}$$

上式中平均每月工作日数有两种计算方法，即：一是按全年平均每月日历日数 30 天（即 360/12）计算，二是按全年法定平均每月工作日数 20.92 天［(365－104－10)/12］计算。前者是按节假日照付工资，因此缺勤期间的节假日也照扣工资，后者则按节假日不付工资，因此缺勤期内的节假日就不扣工资。

［例 3－10］　某企业某工人的月工资标准为 2 400 元，7 月份 31 天，事假 4 天，病假 2 天，星期休假 9 天，出勤 16 天。根据该工人的工龄，其病假工资按工资标准的 90%计算。该工人的病假和事假期间没有节假日。则四种方法下，该工人 7 月份的标准工资分别计算如下。

(1) 按 30 天计算日工资率，按出勤天数计算工资

$$日工资率 = 2\,400/30 = 80(元)$$

$$应算出勤工资 = 80 \times (16 + 9) = 2\,000(元)$$

$$应算病假工资 = 2 \times 80 \times 90\% = 144(元)$$

$$应付月工资 = 200 + 144 = 2\,144(元)$$

(2) 按 30 天计算日工资率，按缺勤天数扣工资

$$应扣事假工资 = 80 \times 4 = 320(元)$$

$$应扣病假工资 = 2 \times 80 \times 10\% = 16(元)$$

$$应付月工资 = 2\,400 - 320 - 16 = 2\,064(元)$$

(3) 按 20.92 天计算日工资率，按出勤天数计算工资

$$日工资率 = 2\,400/20.92 = 114.72(元)$$

$$应算出勤工资 = 114.72 \times 16 = 1\,835.56(元)$$

$$应算病假工资 = 114.72 \times 2 \times 90\% = 206.50(元)$$

$$应付月工资 = 1\,835.56 + 206.50 = 2\,042.06(元)$$

(4) 按 20.92 天计算日工资率，按缺勤天数扣工资

$$应扣事假工资 = 114.72 \times 4 = 458.88(元)$$

$$应扣病假工资 = 2 \times 114.72 \times 10\% = 22.94(元)$$

$$应付月工资 = 2\,400 - 458.88 - 22.94 = 1\,918.18(元)$$

2. 日薪制下计时工资的计算

日薪制下计时工资是根据职工的出勤日数和日工资率计算的。这里采用的日工资率通常可以采用月标准工资除以全年法定平均每月工作日数计算的日工资率为标准。日薪制下计时工资的计算公式如下：

$$应付计时工资 = 出勤日数 \times 日工资率$$

仍以月薪制计算应付工资的[例 3－10]为例，若日工资率按全年法定平均每月工作日数计算，应付计时工资的计算结果为：

$$应付计时工资 = 16 \times 114.72 = 1\,835.52(元)$$

(二) 计件工资的计算

计件工资是按产量记录的个人或班组完成的合格品数乘以规定的计件单价计算支付的工资。此外生产中产生的废品，如果是材料缺陷(料废)造成的，应按计件单价照付工资；如果是加工失误(工废)造成的，则不付计件工资。计件工资的计算公式为：

$$应付计件工资 = (合格品数量 + 料废数量) \times 计件单价$$

公式中的产量资料应以产量记录为依据，计件单价是根据加工单位产品所需耗用的定额工时乘以该产品的小时工资率计算求得。例如，企业加工单位甲产品的定额工时为 30 min，加工甲产品工人的小时工资率为 30 元/h，那么甲产品的计件单价则为 15 元/件（30 × 30/60）。

计件工资按照结算对象不同，可分为个人计件工资和集体计件工资两种。

1. 个人计件工资的计算

个人计件工资是根据每一生产工人完成的工作量乘以计件单价并支付给个人的报酬。如果某个工人在月份内生产几种产品，且各种产品有着不同的计件单价，则应按下式计算其应付计件工资。

$$\text{应付计件工资} = \sum(\text{某产品合格品数量} + \text{该产品料废数量}) \times \text{该产品计件单价}$$

［例 3-11］　某生产工人 9 月份加工甲、乙两种产品，甲产品 500 件，乙产品 300 件。验收时发现甲产品全部合格，乙产品料废 12 件，工废 8 件。该生产工人的小时工资率为 24 元/h，甲产品的定额工时为 15 min，乙产品的定额工时为 30 min。该生产工人本月应得计件工资的计算结果如下。

$$\text{甲产品计件单价} = 24 \times 15/60 = 6(\text{元})$$

$$\text{乙产品计件单价} = 24 \times 30/60 = 12(\text{元})$$

$$\text{应付计件工资} = 500 \times 6 + (300 - 8) \times 12 = 6\,504(\text{元})$$

在计件工资计算中合格产品可完全按计件单价计算，但料废产品不一定都是完工以后发现的，当加工过程中发现材料质量有问题，将会即刻报废，因此料废产品并不一定都完成整个加工过程，亦不能按计件单价全额计算工资。在这种情况下，可按生产工人完成的定额工时折合约当产品数量，计算计件工资。

假设上例中 12 件料废乙产品中有 4 件是完工以后发现的，其余 8 件是在加工过程中发现的并作了报废处理的，其完成定额工时 120 min，那么该工人本月应得计件工资为：

$$\text{应付计件工资} = 500 \times 6 + (280 + 4) \times 12 + 120/30 \times 12 = 6\,456(\text{元})$$

2. 集体计件工资的计算

集体计件工资是根据集体完成的工作量乘以计件单价计算求得整个集体应得计件工资后，再采用适当的方法，将其在集体成员内部进行分配的一种计件工资计算和支付的方法。集体计件工资在集体内部各成员之间的分配，应考虑各成员的工作时间长短和工作质量的高低，工作质量高低通常可从各成员的工资等级差别来确定。因此，在分配时，可用工作时间与各成员的小时工资率的乘积（即计时工资）作为分配标准进行集体内部计件工资的分配。

［例 3-12］　某集体由四位不同等级的生产工人组成，他们共同完成了某项生产任务，按计件工资计算，该集体共获得计件工资为 26 796 元，该集体各成员的工作时间和工资标准资料以及集体计件工资的内部分配情况如表 3-7 所示。

表 3-7 集体计件工资内部分配表

工人姓名	工资等级	小时工资率	实际工作小时(h)	分配标准	分配率	应付计件工资(元)
赵 二	6	15	20	300		8 400
张 三	4	10	24	240		6 720
李 四	3	8.5	18	153		4 284
王 五	5	12	22	264		7 392
合 计	—	—	84	957	28	26 796

工资总额组成内容中的奖金、津贴和补贴等可分别根据企业职工奖励制度和国家有关津贴、补贴的标准进行计算。

三、工资费用的分配

(一) 工资费用分配的原则

工资费用应按其发生的地点和用途进行分配。直接从事产品生产的工人的工资，应计入“生产成本”科目的“直接工资”成本项目中，具体还应区分基本生产车间和辅助生产车间的工人工资，分别计入“生产成本”的二级明细科目中；生产车间管理人员的工资，应计入“制造费用”科目；行政管理人员工资应计入“管理费用”科目；福利部门人员的工资，应计入“应付福利费”科目；专设销售机构人员的工资，应计入“销售费用”科目；固定资产构件或修理等工程人员的工资，应计入“在建工程”科目。

根据上述原则和“工资结算汇总表”，可编制“工资费用分配表”，如表 3-8 所示。

表 3-8 工资费用分配表

车间名称：　　　　　　　　　　　　　　　　20 ** 年 * 月

应借科目		成本或费用项目	直接计入(元)	分配计入			工资费用合计(元)
				生产工时(h)	分配率	分配金额(元)	
基本生产成本	甲产品	工资及福利费	2 340	6 800	0.8	5 440	7 780
	乙产品	工资及福利费	1 980	5 200	0.8	4 160	6 140
	小 计		4 320	12 000		9 600	13 920
辅助生产成本	供 水	工资及福利费	400				400
	供 电	工资及福利费	200				200
	小 计		600				600
制造费用		工资及福利费	800				800
管理费用		工资及福利费	1 000				1 000
销售费用		工资及福利费	500				500
合 计			7 220			9 600	16 820

根据表3-8，可编制如下会计分录。

借：基本生产成本—甲产品		7 780
—乙产品		6 140
辅助生产成本—供水		400
—供电		200
制造费用		800
管理费用		1 000
销售费用		500
贷：应付职工薪酬—工资		16 820

(二) 工资费用分配的方法

工资费用应按其发生的地点和用途进行分配。对于生产车间直接从事产品生产的生产工人工资，应列入“生产成本—基本生产成本”账户中“直接人工”成本项目，其中采用计件工资形式支付，作为直接费用，可直接计入该产品成本中去；采用计时工资形式支付，在只生产一种产品的情况下仍作为直接费用直接计入该产品成本中去。如果生产多种产品，则生产工人工资应采取一定的方法分配计入各种产品成本，一般以产品生产所耗用的生产工时作为分配标准进行分配。计算公式如下：

$$\text{工资分配率} = \frac{\text{生产工人工资费总额}}{\text{各种产品生产工时之和}}$$

$$\text{某种产品应分配的直接工资费用} = \text{该产品实际工时} \times \text{工资分配率}$$

采用实际工时比例分配工资费用，能使产品成本中人工费用与劳动生产率联系起来。劳动生产率提高，单位产品所耗用工时必然减少，应分配的人工费用也就减少；反之应分配的人工费用必然增加。如果企业工时定额比较准确时，也可以按产品定额工时比例来分配工资费用。

[例3-13] 某企业生产甲、乙两种产品，生产工人计件工资分别为：甲产品2 340元，乙产品1 980元；甲、乙产品计时工资共计9 600元。甲、乙两种产品生产工时分别为680 h和520 h。按生产工时比例分配计算如下：

$$\text{工资费用分配率} = 9\,600/(680+520) = 8$$

$$\text{甲产品分配工资费用} = 680 \times 8 = 5\,440(\text{元})$$

$$\text{乙产品分配工资费用} = 520 \times 8 = 4\,160(\text{元})$$

四、其他职工薪酬费用的计算与分配

其他职工薪酬费用，一般是按照地方政府的相关规定，按职工工资总额的一定比例提取。其他职工薪酬费用，在“应付职工薪酬”科目下按具体项目，分别设置明细科目核算。

其他职工薪酬费的计提一般是通过编制“其他职工薪酬费用分配表”进行的，其格式如表3-9所示。在实际工作中也可以与前面所述的“工资费用分配表”结合在一起进行编制。由于企业提取的其他职工薪酬费用，就其实质来说是一种应付的工资附加支出，其列支渠道可参照工资的分配方法，提取时与工资费用分配相同方向分别借记“生产成本”、“制造费用”、“管理费用”、“销售费用”等科目，贷记“应付职工薪酬”科目。需要指出的是，按医务及生活福利部门人员的工资额提取的职工福利费，作为管理费用列支，否则，一方面增加形成了应付福利费来源，另一方面又减少了应付福利费，其结果这部分应付福利费等于没有提取。因此，按照生活福利部门人员工资比例提取的职工福利费时，借记“管理费用”科目，贷记“应付职工薪酬”科目。

表3-9 其他职工薪酬费用分配表

20**年*月　　　　单位：元

应借科目		成本或费用项目	工资总额	计提其他职工薪酬(30%)
基本生产成本	甲产品	直接人工	7 780	2 334
	乙产品	直接人工	6 140	1 842
	小　计		13 920	4 176
辅助生产成本	供　水	直接人工	400	120
	供　电	直接人工	200	60
	小　计		600	180
制造费用		职工薪酬	800	240
管理费用		职工薪酬	1 000	300
销售费用		职工薪酬	500	150
合　计			16 820	5 046

会计分录：

借：基本生产成本—甲产品　　2 334
　　　　　　　—乙产品　　1 842
　　辅助生产成本—供水　　120
　　　　　　　—供电　　60
　　制造费用　　240
　　管理费用　　300
　　销售费用　　150
　贷：应付职工薪酬—其他薪酬　　5 046

第五节　其他要素费用的核算

除了外购材料，外购燃料、外购动力和人工费用外，要素费用还包括固定资产折旧费用、利息费用、税金及其他费用。

一、固定资产折旧费用的核算

固定资产折旧是指固定资产在使用过程中，逐渐损耗而消失的那部分价值。固定资产损耗的这部分价值就是固定资产折旧，应该以折旧费用计入产品成本或期间费用。

在我国，企业可以采用年限平均法、工作量法、年数总和法、双倍余额递减法等方法计提固定资产折旧。折旧方法一经确定，不得随意变更。

(一) 折旧费用的确定与归集

折旧费用的确定与归集是准确计算产品成本的条件之一。要做好这项工作，除了要选择适当的方法外，还必须做好以下三项工作。

1. 正确确定应计提固定资产的范围和价值

正确确定固定资产的范围及价值，是正确计算折旧费用的前提。

从计提范围看，企业应计提折旧的固定资产包括：房屋和建筑物，在用的机器设备、仪器仪表、运输工具、工具器具，季节性停用、大修理停用的固定资产，融资租入和以经营租赁方式租出的固定资产。

已达到预定可使用状态的固定资产，如果尚未办理竣工结算的，应当按照估计价值暂估入账，并计提折旧；待办理了竣工结算手续后，再按照实际成本调整原来的暂估价值，同时调整原已计提的折旧额。

不提折旧的固定资产包括：除房屋、建筑物以外的，未使用、不需用固定资产；以经营方式租入的固定资产；已提足折旧继续使用的固定资产；按规定单独估价作为固定资产入账的土地。

从应计折旧的价值看，企业一般应按月计提折旧，当月增加的固定资产，当月不提折旧；当月减少的固定资产，当月照提折旧，从下月起不提折旧。固定资产提足折旧后，不管能否继续使用，均不再提取折旧；提前报废的固定资产，尚未提足的折旧转入固定资产清理，其清理净损失计入企业营业外支出，故提前报废时不得补提折旧。

按照固定资产集体折旧起止时间的规定，企业各车间、各部门每月计提的折旧可用下列公式计算：

某车间(部门)本月折旧额＝该车间(部门)上月折旧额
＋该车间(部门)上月增加固定资产应提折旧额
－该车间(部门)上月减少固定资产应提折旧额

2. 合理地确定固定资产的预计使用年限与净残值

企业应当根据固定资产的性质和消耗形式，合理地确定固定资产的预计使用年限与净残值，并根据科技发展、环境及其他因素，选择合理的固定资产折旧方法。

3. 按车间、部门归集折旧费用

企业的各车间生产的零部件或产品不同，各部门服务的对象和职责不同，其配备的机器设备等也不同，折旧费用必须按车间、部门归集，以便分别计算车间、部门有关产品成本费用。

(二) 折旧费用的分配

折旧费用作为产品成本的组成部分，一般都把它作为间接费用处理，先按照固定资产的使用部门归集，然后再与车间、部门的其他费用一起分配计入产品成本及期间费用。对于生产车间(包括基本生产车间和辅助生产车间)所使用的固定资产折旧费用，应计入“制造费用”明细账中的折旧费用项目；企业行政管理部门所使用的固定资产折旧费用，应计入“管理费用”明细账中的折旧费用项目；销售部门所使用的固定资产折旧费用，应计入“销售费用”明细账中的折旧费用项目。

如果企业、车间只生产一种产品，所发生的折旧费用全部由该种产品承担；如果企业、车间生产多种产品，则可按机器工时比例等将折旧费在各种产品之间进行分配。

折旧费用的分配是通过编制折旧费用分配表进行的，并据此编制会计分录，登记有关总账及所属明细账。折旧费用分配表格式及举例如表 3－10 所示。

表 3－10 折旧费用分配表

20** 年 * 月　　单位：元

项　目	基本生产车间	辅助生产车间		行政管理部门	专设销售机构	合　计
		供水	供电			
折旧费	15 000	1 000	500	4 000	2 500	23 000

会计分录：

借：制造费用—基本生产车间　15 000
　　辅助生产成本—供水　1 000
　　　　　　　　—供电　500
　　管理费用　4 000
　　销售费用　2 500
　贷：累计折旧　23 000

二、利息费用的分配

要素费用中的利息费用，不是产品成本的组成部分，而是作为期间费用中财务费用的一部分，直接计入当期损益。

短期借款的利息一般是按季结算支付。如果利息数额不大，为了简化核算工作，可以在实际支付时根据支付凭证计入当期的财务费用，即借记“财务费用”科目，贷记“银行存款”科目。但如果数额较大，应按照权责发生制原则，采用预提方法进行处理。每月计提利息费用时，借记“财务费用”科目，贷记“应付利息”科目；季末实际支付利息费用时，借记“应付利息”科目，贷记“银行存款”科目。季末调整实际利息费用和按计划预提利息费用的差额。

长期借款利息费用一般是每年计算一次利息，到期一次还本付息。每年计算结转应付利息时，借记“财务费用”、“在建工程”科目，贷记“长期借款”科目；到期还本付息时，借记“长期借款”，贷记“银行存款”等科目。

三、税金的分配

要素费用中的税金，是指按规定计算应交的印花税、房产税、车船税和土地使用税等。税金不是产品成本的组成部分，而是期间费用中管理费用的组成部分，一般是在“管理费用”科目下设置“税金”费用项目予以反映。

房产税、车船税和土地使用税需要先计算应交税额，然后缴纳税金，在计算应交税金时，应借记“管理费用”科目，贷记“应交税费”科目；在缴纳税金时，应借记“应交税费”科目，贷记“银行存款”科目。

印花税不通过“应交税费”科目进行核算。对于印花税，如果购买税票金额较小，购买时可以直接借记“管理费用”科目及其所属明细账的“税金”项目，贷记“银行存款”科目。若果印花税税票是一次购买，分期使用，且金额较大的，可以作待摊处理。购买印花税税票时，借记“待摊费用”科目，贷记“银行存款”科目；按月摊销时，借记“管理费用”科目，贷记“待摊费用”科目。

四、其他费用的分配

其他费用是指除上述各项费用之外的其他费用，包括差旅费、水电费、邮电费、保险费、劳动保护费、办公费、运输费、业务招待费等。这些费用有的是产品成本的组成部分，但并没有单设成本项目，有的则是期间费用等的组成部分。这些费用发生时，应根据有关的付款凭证，按照费用的耗用部门及用途进行归类，分别借记“制造费用”、“辅助生产成本”、“管理费用”、“销售费用”等科目，贷记“银行存款”等科目。

第六节　费用的跨期摊销

在企业的实际生产经营中，常常出现现金支付时间和其费用所应计入的期间不一致的情况。对于这些费用，就需要采取跨期摊销的方法进行处理。费用的跨期摊销，是对跨期摊销费用在其受益期内的各个会计期间所进行的摊销。费用的跨期摊销是否合理，对成本核算有着重要的意义。

一、待摊费用的归集和分配

待摊费用是指本期发生、但应由本期和以后各期共同负担的各项费用。这种费用发生以后,由于受益期限较长,不应一次全部计入当期产品的成本或费用,而应按照费用的受益期限分期摊入各期的产品成本或费用。如预付保险费、预付报刊订阅费、低值易耗品摊销、预付租入固定资产租金以及一次购买印花税票数额较大需要分月摊销的税金等。摊销期限在一年以内的待摊费用,通过"待摊费用"账户核算,摊销期限在一年以上的待摊费用,通过"长期待摊费用"账户核算。

待摊费用的归集和分配通过"待摊费用"账户进行,发生各项待摊费用时,记入"待摊费用"或"长期待摊费用"账户的借方,同时记入"银行存款"、"低值易耗品"、"包装物"或"应交税金"等账户的贷方;按受益期摊销时,按车间部门和费用用途分别记入"制造费用"、"生产成本—辅助生产成本"、"管理费用"或"销售费用"等账户的借方及"待摊费用"或"长期待摊费用"账户的贷方;期末有贷方余额,表示已经发生但尚未摊销完的费用。

[例 3-14] 某企业 20** 年 4 月初预付第二季度财产保险费 9 000 元,应在本季度内摊销完毕,其中基本生产车间负担 50%,辅助生产车间负担 25%,行政管理部门负担 20%,单独设立的销售机构负担 5%。据此登记"待摊费用"明细账和编制待摊费用分配表如表 3-11A 和表 3-11B 所示。

表 3-11A 待摊费用明细账

单位:元

20** 年		摘要	借方	贷方	余额	
月	日				借或贷	金额
4	1	预付第二季度财产保险费	9 000		借	9 000
4	30	本月摊销		3 000	借	6 000
5	31	本月摊销		3 000	借	3 000
6	30	本月摊销		3 000	平	0

表 3-11B 待摊费用分配表

20** 年 6 月

单位:元

费用种类	借方账户	金额
保险费	制造费用	1 500
	辅助生产成本—供电	300
	辅助生产成本—供水	450
	管理费用	600
	销售费用	150
合计		3 000

会计分录如下：

预付保险费用，

借：待摊费用　　9 000

　贷：银行存款　　9 000

根据待摊费用分配表，4、5、6 月份分别摊销待摊费用，

借：制造费用　　1 500

　　生产成本—辅助生产成本　　750

　　管理费用　　600

　　销售费用　　150

　贷：待摊费用　　3 000

二、预提费用的归集与分配

预提费用是指按照规定预先分期计入成本、费用，但尚未实际支出的各项费用，如预提修理费、借款利息、保险费、预提租金和其他预提费用等。这些费用都要预先提取，以保证各月生产费用的合理负担和正确计算产品成本。预提费用的预提期限也应按其受益期限确定。各月预提多少，有些能事先肯定，如利息支出；有些事先要制定费用预算，如固定资产大中小修理费，在各月支出不均衡，影响到各月成本、费用水平时，则应编制修理费用预算，分月记入产品成本或期间费用，实际发生的费用与预提费用的差额，应计入费用支付期的产品成本或期间费用中。

预提费用的归集与分配是通过设置“预提费用”账户来进行的。企业根据估计的数额在受益对象和受益期限内预提各项费用时，应计入本期成本、费用，按费用的用途记入“制造费用”、“生产成本—辅助生产成本”、“管理费用”或“销售费用”等账户的借方及“预提费用”账户的贷方；实际支出时，记入“预提费用”账户的借方以及“银行存款”等账户的贷方。期末贷方余额为预提数大于实际支出数，期末借方余额为实际支出数大于预提数。预提费用应按费用种类分设明细账户进行核算。

［例 3－15］ 某企业预计 20 ** 年第一季度应付银行借款利息 2 400 元，平均每月应预提 800 元，3 月末实际支付利息 2 480 元。预提费用明细账和分配表如表 3－12A 和表 3－12B 所示。

表 3－12A　预提费用明细账

单位：元

20 ** 年		摘　　要	借　方	贷　方	余　　额	
月	日				借或贷	金额
1	1	根据预提费用分配表		800	贷	800
2	28	根据预提费用分配表		800	贷	1 600
3	28	根据付款凭证	2 480		借	880
3	31	根据预提费用分配表		880		0

表 3－12B　预提费用分配表

20**年3月　　单位：元

费用种类	应借科目	金　额
利息支出	财务费用	880

根据预提费用分配表作会计分录如下：

1、2月预提时，

借：财务费用　　800

　贷：预提费用　　800

3月预提及实际支付时，

借：财务费用　　880

　贷：预提费用　　880

借：预提费用　　2 480

　贷：银行存款　　2 480

本章小结

(1) 工业企业发生的各项费用开支，应在认真审核各原始凭证的基础上，明确其用途，按照"谁耗用，谁承担"的原则，进行归集和分配。

(2) 材料有两种计价方法：一是按实际成本计价，二是按计划成本计价，企业可根据本单位的实际情况选用。

(3) 材料费用的分配方法主要有定额消耗量比例分配法、产品材料定额费用比例分配法、产品产量比例分配法、产品质量比例分配法等。

(4) 低值易耗品的摊销方法通常有：一次摊销法、分次摊销法和五五摊销法。

(5) 工资费用包括工资费用的计算和分配两个方面。在工资费用的计算方面，主要是计时工资和计件工资的计算；对于工资费用的分配，则应根据工资费用的发生地点和用途，采取直接计入和分配计入的方式进行。

(6) 外购动力费用是指外部购买的各种动力。外购动力费用一般在"基本生产成本"、"辅助生产成本"、"制造费用"、"管理费用"等科目进行归集；有计量仪器记录时，外购动力费用可直接计算分配；在没有计量仪器记录时，外购动力费用可按实耗数量比例（生产工时、机器工时）以及定额消耗量比例分配。

(7) 折旧费用应根据其费用的发生地点在"制造费用"、"管理费用"、"销售费用"等科目中进行归集，然后再在各种产品中进行分配。

(8) 待摊费用是指本期发生、但应由本期和以后各期共同负担的各项费用。待摊费用的归集和分配通过“待摊费用”账户进行，按受益期摊销时，按车间部门和费用用途分别记入“制造费用”、“生产成本—辅助生产成本”、“管理费用”或“销售费用”等账户的借方及“待摊费用”或“长期待摊费用”账户的贷方；期末有贷方余额，表示已经发生但尚未摊销完的费用。

(9) 预提费用是指按照规定预先分期计入成本、费用，但尚未实际支出的各项费用。预提费用的归集与分配是通过设置“预提费用”账户来进行的。企业根据估计的数额在受益对象和受益期限内预提各项费用时，应计入本期成本、费用，按费用的用途记入“制造费用”、“生产成本—辅助生产成本”、“管理费用”或“销售费用”等账户的借方。预提费用应按费用种类分设明细账户进行核算。

本章术语

要素费用；材料费用；定额消耗量比例分配法；产品材料定额费用比例分配法；产品产量比例分配法；产品质量比例分配法；低值易耗品；低值易耗品摊销；一次摊销法；分次摊销法；五五摊销法；外购动力费用；人工费用；计时工资；计件工资；固定资产折旧费用；利息费用；税金；其他费用；跨期摊销费用；待摊费用；预提费用

复习思考题

1. 材料费用的核算内容是什么？

2. 材料按实际成本计价的情况下，可以采用哪些方法进行计价？试述各种方法的优缺点及其适用性。

3. 材料按计划成本计价的情况下，计划成本与实际成本以及差异之间是一种什么样的关系？差异的形成与分配是如何处理的？

4. 材料费用分配的原则是什么？材料的分配中怎样体现费用分配的原则？

5. 材料费用分配有哪几种方法？如何选择分配方法？

6. 职工薪酬包括哪些内容？

7. 何谓计时工资？计时工资如何计算？

8. 何谓计件工资？计件工资如何计算？

9. 职工薪酬费用如何进行分配？

10. 哪些人员的工资可计入产品生产成本？企业其余人员的工资应作为什么开支？

11. 折旧费用的归集与分配的特点是什么？

12. 动力费用的归集与分配的特点是什么？

13. 低值易耗品摊销方法有哪几种？每种摊销方法的特点是什么？

14. 什么是待摊费用？什么是预提费用？它们包括的内容是什么？

业务计算题

1. 根据下列材料明细账中的资料，分别用加权平均法、移动加权平均法、先进先出法、个别计价法四种方法，计算本月发出甲材料的实际成本及月末结存的实际成本。

材料明细账

材料名称：甲材料　　　　　　　　　　　　　　　　　　　　金额单位：元

20**年		摘　要	收　入			发　出			结　存		
月	日		数量(kg)	单价(元/kg)	金额	数量(kg)	单价(元/kg)	金额	数量(kg)	单价(元/kg)	金额
6	1	期初余额							300	40	12 000
	10	购入	800	45	36 000						
	12	发出				700					
	20	购入	600	50	30 000						
	25	发出				800					
	28	购入	300	60	18 000						

2. 某企业月初库存材料的计划成本为 56 000 元，实际成本为 60 500 元。本月收入材料的计划成本为 80 000 元，实际成本为 78 500 元。本月发出材料的计划成本为 70 000 元。

要求：计算本月发出材料的实际成本。

3. 某企业生产甲、乙、丙三种产品，共同耗用原材料 11 500 kg，2.4 元/kg，共计 27 600 元。生产甲产品 800 件，每件产品材料消耗定额为 4 kg；生产乙产品 500 件，每件产品材料消耗定额为 6 kg；生产丙产品 375 件，每件产品材料消耗定额为 8 kg。

要求：按定额消耗量比例法分配并计算三种产品实际耗用的原材料费用。

4. 某生产车间生产甲、乙两种产品，根据领料单归集汇总后，编制下列原材料耗用表：

原材料名称	计划单位成本(元)	甲产品消耗定额(kg)	乙产品消耗定额(kg)	实际消耗总量(kg)
A材料	0.3	320	360	45 120
B材料	0.6	80	75	12 750
C材料	0.8	50	40	8 820
D材料	1.0	15	8	2 952

本月投产甲产品100件，乙产品120件。材料成本差异率为节约4%。

要求：计算甲、乙两种产品原材料实际费用，并作相应的会计分录。

5. 某企业生产甲、乙两种产品，共同领用A、B两种主要材料，共计37 620元。本月投产甲产品150件，乙产品120件。甲产品材料消耗定额：A材料6 kg，B材料8 kg；乙产品材料消耗定额：A材料9 kg，B材料5 kg。A材料单价10元，B材料单价8元。

要求：按定额费用比例分配法分配并计算甲、乙两种产品实际耗用的原材料费用。

6. 某企业生产甲、乙、丙三种产品，共同耗用一种原材料112 500 kg，2.5元/kg。甲产品的质量为25 000 kg，乙产品的质量为32 000 kg，丙产品的质量为18 000 kg。

要求：根据产品质量比例法计算分配每种产品实际耗用的原材料费用。

7. 某生产工人6月份加工甲、乙两种产品，甲产品400件，乙产品250件。验收时发现甲产品有废品30件，其中料废10件，工废20件；乙产品全部合格。该生产工人的小时工资率为10.8元/h，甲产品的定额工时为30 min，乙产品的定额工时为75 min。

要求：计算该生产工人6月份应付的计件工资。

8. 某企业基本生产车间8月份生产甲产品150件，每件实际工时600 h；乙产品300件，每件实际工时400 h，本月应付工资的资料如下表所示：

部门及用途		金额(元)
基本生产车间	生产工人工资	84 000
基本生产车间	管理人员工资	6 300
机修车间	生产工人工资	10 000
机修车间	管理人员工资	3 200
供水车间	生产工人工资	5 400
供水车间	管理人员工资	1 100
企业行政管理部门	管理人员工资	6 000
合计		116 000

生产工人工资按生产工时比例分配。职工福利费按工资总额的14%计提。

要求：根据上述资料，编制工资费用分配表和计提职工福利费分配表，并编制有关的会计分录。

9. 某企业根据5月份工资结算凭证汇总的工资费用为：基本生产车间生产甲、乙、丙三种产品，生产工人的计时工资共计27 000元。甲产品完工数量为6 000件，乙产品完工数量为4 500件，丙产品完工数量为1 000件。单位产品工时定额：甲产品2.5 h，乙产品4 h，丙产品3 h。

要求：按定额工时比例分配甲、乙、丙产品生产工人工资；编制工资分配的会计分录。

10. 某生产小组实行集体计件工资制，本月该生产小组共生产完工甲产品20台，每台定额工时为 30 h,小时工资率为 4 元;乙产品 30 台,每台定额工时为 20 h,小时工资率为 3 元。该小组成员的工资等级和本月实际工作时间如下表所示。

姓名	工资等级	小时工资率	实际工作时间(h)	分配标准	分配率	应付计件工资(元)
李强	6	15	240			
赵钱	5	12.5	280			
王五	4	10	190			
孙发	3	7.5	200			
合计						

要求:计算该小组的集体计件工资额和小组中各成员的应得工资额。

11. 某工业企业某月通过银行支付外购动力(电力)费用 12 000 元。该月各车间、部门实际耗用电度数为:基本生产车间动力用电 18 750 度,辅助生产车间动力用电 6 400 度,基本生产车间照明用电 3 200 度,辅助生产车间照明用电 1 350 度,企业管理部门照明用电 2 400 度。该月应付外购动力费用共计 33 705 元。该企业设有"基本生产成本"和"辅助生产成本"总账科目以及"燃料及动力"成本项目,辅助生产的制造费用通过"制造费用"科目核算,外购动力费用通过"应付账款"科目核算。

要求:(1) 按照用电度数分配计算各车间、部门动力和照明用电费。

(2) 编制支付和分配电力费用的会计分录。

12. 某工业企业基本生产车间的管理用具采用五五摊销法摊销。某月领用生产工具一批,其计划成本共为 3 700 元;报废在用生产工具一批,其计划成本共为 900 元,回收残料作为辅助材料计价 100 元,已验收入库。该月低值易耗品的成本差异率为节约 2%。

要求:编制低值易耗品领用、摊销、报废和调整成本差异的各项的会计分录。

13. 某企业一月初开出现金支票预付全年财产保险费 14 400 元,其中基本生产车间 9 360 元,企业行政管理部门 5 040 元,一年内分月摊销。

要求:编制该年年初支付保险费用和每月摊销保险费用的会计分录。

14. 某企业短期借款利息采用分月预提、季末结算的方法,第二季度按计划每月预提 3 500 元,6 月份银行通知从该企业银行存款中支付全部利息费用 10 000 元。

要求:编制 4、5、6 三个月预提和实付利息费用的会计分录。

第四章
集合性费用在各种产品之间的归集和分配

·本章概要·

集合性费用是指通过某一专门开设的账户进行归集，在计算成本时，再按照一定的标准和方法，在各不同用途和成本对象间进行分配的费用，主要包括辅助生产成本、制造费用和生产损失等，分别通过“辅助生产成本”、“制造费用”、“废品损失”和“停工损失”等账户进行归集，然后再按照一定的先后顺序进行分配。

本章第一节简要阐述集合性费用的基本特征，第二节至第四节分别阐述辅助生产费用、制造费用和生产损失(包括废品损失和停工损失)的归集与分配方法。

辅助生产费用与制造费用归集和分配的方法和程序是本章学习的重点和难点。

·导入案例·

某企业除了基本生产部门外，还设有动力、机修、运输三个辅助生产部门。该企业主要生产甲、乙、丙三种主要产品。辅助生产部门所提供的服务，除了供三种产品生产外，还相互提供服务，并提供给管理和销售部门。

请根据案例，讨论以下问题：

(1) 动力、机修和运输部门所提供的动力、修理和运输服务，是否应该单独核算成本?

(2) 动力、机修和运输部门所提供的动力、修理和运输服务，是否为该企业成本核算的最终对象?

(3) 对于这些辅助生产费用，应该怎样分配计入各相关会计科目?

(4) 怎样进行动力、机修和运输部门所发生的制造费用的核算?

第一节　集合性费用核算概述

集合性费用，是指通过某一专门开设的账户进行归集，在计算成本时，再按照一定的标准和方法，在各不同用途和成本对象间进行分配的费用。集合性费用一般具有以下特征。

(1) 集合性费用是通过对所分配的各种不同类别的费用加以归集、汇总而形成的费用，有别于要素费用。

(2) 集合性费用不是企业成本核算的最终目的，而是成本核算和成本管理的中介。计算产品成本需要经过集合性费用归集和分配核算的中间环节；要进行成本控制和管理，也必须控制集合性费用的水平。

(3) 集合性费用需要通过某一专门设立的账户，进行归集与分配。集合性费用首先是要将源于要素费用分配，或是其他集合性费用分配计入的全部相关费用集合起来，然后按照一定的标准与方法，在产品生产成本、期间费用及其他相关的集合性费用之间进行分配。经过分配后，集合性费用账户一般无期末余额。

集合性费用主要有辅助生产费用、制造费用和生产损失三种。下面就对其核算分别进行阐述。

第二节　辅助生产费用的核算

一、辅助生产费用核算的意义

辅助生产是指为企业基本生产、行政管理部门提供产品或劳务的生产，辅助生产车间发生的各项费用称为辅助生产费用。企业的辅助生产车间是保障企业主要产品生产和维护生产经营正常进行必不可少的部门。辅助生产车间发生的生产费用构成辅助生产产品或劳务的成本，将转归企业基本生产产品成本负担。因此，正确归集、计算辅助生产产品或劳务成本，合理分配辅助生产费用，对正确计算产品成本、控制和降低产品成本具有重要意义。

二、辅助生产费用的归集

辅助生产费用的归集和分配是通过设置“生产成本—辅助生产成本”科目来进行的。具体应按车间以及产品或劳务的种类设置明细账，其反映的内容包括本车间直接发生的料、工、费以及其他辅助生产车间转入的费用。明细账的格式如表 4-1 所示。

表 4-1　辅助生产成本明细账

车间名称：供电车间　　　　20 ** 年 6 月　　　　单位：元

摘　　要	材料	职工薪酬	动力	折旧费	保险费	其他	合计	转出
材料费用分配表	1 200						1 200	
职工薪酬费用分配表		228					228	

续　表

摘　　要	材料	职工薪酬	动力	折旧费	保险费	其他	合计	转出
动力费用分配表			1 000				1 000	
折旧费用分配表				500			500	
待摊费用分配表					300		300	
办公等费用支出(付款凭证)						520	520	
合　计	1 200	228	1 000	500	300	520	3 748	
本月转出								3 748

辅助生产费用归集的程序可以归纳为：

第一，辅助生产成本的归集，首先按车间分别进行，然后再按不同的产品或劳务并分成本项目归集。只生产一种产品或劳务的情况下，例如供电、供水、供气等车间，其生产费用都是直接费用，可直接根据有关费用分配表和有关凭证登记到“辅助生产成本”明细账有关成本项目中。

第二，辅助生产车间发生的除直接材料、直接工资等以外的其他费用，如果是属于多种产品或多种劳务的间接费用，应先记入按车间分别设置的“制造费用—辅助生产车间”明细账，月终再按一定的标准分配计入本车间各产品或劳务的“生产成本—辅助生产成本”明细账。对于规模小，发生的制造费用不多，也不对外销售产品或劳务的辅助生产车间，为了简化核算工作，其制造费用可以不单独设置“制造费用—辅助生产车间”明细账，而直接记入“生产成本—辅助生产成本”科目及其明细账。

第三，辅助生产车间汇集的生产费用，应比照基本生产车间的产品成本计算方法，对辅助生产车间的产品或劳务采用一定的方法计算它们的实际成本。

三、辅助生产费用的分配

归集在“生产成本—辅助生产成本”及其明细账借方的辅助生产费用，由于辅助生产车间所生产的产品和劳务的种类不同，费用的转出、分配的程序也不一样。所生产的产品，如工具、模具和修理用备件等产品，应在产品完工时，从“生产成本—辅助生产成本”科目的贷方分别转入“低值易耗品”和“原材料”科目的借方；而提供的劳务作业，如水、电、气、修理和运输等所发生的费用，则要在各受益单位之间按照所耗数量或其他比例进行分配后，从“生产成本—辅助生产成本”科目的贷方分别转入“制造费用”、“管理费用”、“销售费用”等账户的借方。

辅助生产所提供的产品和劳务，主要是为基本生产车间和管理部门等使用和服务的。但在某些辅助生产车间之间也有相互提供产品和劳务的情况。例如，锅炉车间为供电车间供气取暖，供电车间也为锅炉车间提供电力。这样为了计算供气成本，就需要确定供电成本；为了计算供电成本，又要确定供气成本。这里就存在一个辅助生产费用在各辅助生产车间交互分配的问题。

辅助生产费用的分配通常采用直接分配法、顺序分配法、交互分配法、代数分配法和计划成本分配法等。

1. 直接分配法

直接分配法是指在各辅助生产车间发生的费用，直接分配给辅助生产以外的各受益单位，辅助生产车间之间相互提供的产品和劳务，不互相分配费用。其分配的计算公式如下：

$$\text{某种辅助生产费用分配率} = \frac{\text{该辅助生产车间费用总额}}{\text{基本生产车间和其他部门耗用劳务(或产品)总量}}$$

$$\text{某车间、部门应分配的辅助生产费用} = \text{该车间、部门耗用劳务总量} \times \text{辅助生产费用分配率}$$

［例 4－1］ 企业有锅炉和供电两个辅助生产车间，这两个车间的辅助生产明细账所归集的费用分别是：供电车间 10 200 元，锅炉车间 5 032 元；供电车间为生产甲乙产品、各车间管理部门和企业行政管理部门提供 27 200 度电，其中锅炉车间耗用 2 200 度电；锅炉车间为生产甲乙产品、各车间管理部门和企业行政管理部门提供 1 360 吨热力蒸汽，其中供电车间耗用 102 吨。采用直接分配法分配此项费用，并编制"辅助生产费用分配表"，如表 4－2 所示。

表 4－2 辅助生产费用分配表(直接分配法)

金额单位：元

借方科目		生产成本—基本生产成本			制造费用(基本车间)	管理费用	合计
		甲产品	乙产品	小计			
供电车间	耗用量(度)	12 000	11 000	23 000	1 200	800	25 000
	分配率						0.408
	金额	4 896	4 488	9 384	489.6	326.4	10 200
锅炉车间	耗用量(度)	600	500	1 100	100	58	1 258
	分配率						4
	金额	2 400	2 000	4 400	400	232	5 032
金额合计		7 296	6 488	13 784	889.6	558.4	15 232

根据辅助生产费用分配表编制会计分录：

$$\text{电单位成本} = \frac{10\,200}{27\,200 - 2\,200} = 0.408(\text{元} / \text{度})$$

$$\text{蒸汽单位成本} = \frac{5\,032}{1\,360 - 102} = 4(\text{元} / \text{吨})$$

借：生产成本—基本生产成本—甲产品　　7 296

　　　　　　　　　　　　　—乙产品　　6 488

　　制造费用—基本车间　　889.6

　　管理费用　　558.4

　贷：生产成本—辅助生产成本—供电车间　　10 200

　　　　　　　　　　　　　　—锅炉车间　　5 032

采用直接分配法分配辅助生产费用，假定各辅助生产费用只是对外分配，计算工作简单。但当辅助生产车间相互提供产品或劳务量差异较大时，计算结果不够准确。因此，这种分配方法只适宜在辅助生产内部提供产品或劳务不多，不进行费用的交互分配，对辅助生产成本和产品制造成本影响不大的情况下使用。

2. 顺序分配法

顺序分配法，是指各辅助生产车间按受益多少的顺序依次排列，受益少的排在最前，先将费用分配出去，受益多的排在后面，后将费用分配出去。例如供电和锅炉两个辅助生产车间，若供电车间耗用锅炉车间的费用少，而锅炉车间耗用供电车间的费用多，则辅助生产费用的分配顺序是先分配供电车间的费用，然后再分配锅炉车间的费用。

采用顺序分配法分配辅助生产费用时的计算公式如下：

$$\text{某辅助生产车间费用分配率}=\frac{\text{该辅助生产车间直接发生的费用}+\text{分配转入费用}}{\text{该辅助生产车间向其他车间、部门提供产品或劳务的数量}}$$

$$\text{各车间、部门应分配的辅助生产费用}=\text{该车间或部门耗用的产品或劳务数量}\times\text{辅助生产费用分配率}$$

［例 4－2］　仍以前例资料，按顺序分配法编制辅助生产费用分配表，如表 4－3 所示。

表 4－3　辅助生产费用分配表(顺序分配法)

金额单位：元

项目		辅助生产车间						基本生产车间				制造费用		管理费用	
		供电			锅炉			甲产品		乙产品					
		数量	单位成本	金额	数量	单位成本	金额	数量	金额	数量	金额	数量	金额	数量	金额
直接发生费用		27 200 度		10 200	1 360 吨		5 032								
分配费用	供电	27 200 度	0.375	10 200	2 200 度		825	12 000 度	4 500	11 000 度	4 125	1 200 度	450	800 度	300
	锅炉	102 吨			1 258 吨	4.655 8	5 857	600 吨	2 793.48	500 吨	2 327.90	100 吨	465.58	58 吨	270.04
合计				10 200			5 857		7 293.48		6 452.9		915.58		570.04

表中计算分配如下：

供电单位成本 = 10 200/27 200 = 0.375(元/度)；

蒸汽单位成本 = (5 032 + 825)/(1 360 − 102) = 4.655 8(元/吨)。

根据生产费用分配表编制会计分录。

(1) 分配电费

借：生产成本—辅助生产成—锅炉　　825

　　生产成本—基本生产成本—甲产品　　4 500

　　　　　　　　　　　　—乙产品　　4 125

　　制造费用　　450

　　管理费用　　300

　贷：生产成本—辅助生产成本—供电　　10 200

(2) 分配蒸汽费

借：生产成本—基本生产成本—甲产品　　2 793.48

　　　　　　　　　　　　—乙产品　　2 327.90

　　制造费用　　465.58

　　管理费用　　270.04

　贷：生产成本—辅助生产成本—锅炉　　5 857

顺序分配法也称为阶梯分配法，其优点是各种辅助生产费用只计算一次，计算简便。但是，由于排列在前的辅助生产车间(受益少的辅助生产车间)不负担排列在后的辅助生产车间(受益多的辅助生产车间)的费用，分配结果的准确性受到一定的影响。这种方法一般适用于各辅助生产车间或部门之间相互受益程度有明显的顺序的情况。

3. 交互分配法

交互分配法，需要对各辅助生产车间的成本费用进行两次分配。第一阶段，将各辅助生产车间互相提供的服务量按交互分配前的单位成本，在辅助生产车间之间进行第一次交互分配；第二阶段，将辅助生产分配前的费用，加上分入费用，减去分出费用，计算各辅助生产车间的实际费用后，再分配给辅助生产车间以外的各受益单位。其计算公式如下：

第一阶段的交互分配：

$$某辅助生产车间费用分配率 = \frac{该辅助生产车间直接发生的费用}{该辅助生产车间提供的劳务总量}$$

$$\begin{array}{c}某辅助生产车间\\应分配其他辅助\\生产车间的费用\end{array} = \begin{array}{c}该辅助生产车间\\耗用其他辅助生产\\车间劳务量\end{array} \times \begin{array}{c}辅助生产车间\\费用分配率\end{array}$$

第二阶段的直接分配：

$$\text{某辅助生产车间费用分配率}=\frac{\text{该辅助生产车间直接发生费用}+\text{分配转入费用}-\text{分配转出费用}}{\text{该辅助生产车间以外的各受益单位耗用劳务总量之和}}$$

$$\text{辅助生产车间以外的各受益单位应分配的劳务费用}=\text{该车间耗用劳务的数量}\times\text{交互分配后该项劳务单位成本}$$

［**例 4－3**］　仍以前例资料，按交互分配法编制辅助生产费用分配表，如表 4－4 所示。

表 4－4　辅助生产费用分配表(交互分配法)

金额单位：元

项目		供电车间			锅炉车间			合计
		数量（度）	单位成本（费用分配率）	分配金额	数量（吨）	单位成本（费用分配率）	分配金额	
待分配辅助生产费用		27 200	0.375	10 200	1 360	3.7	5 032	15 232
交互分配	辅助生产—供电			＋377.4	－102		－377.4	
	辅助生产—锅炉	－2 200		－825			＋825	
对外分配辅助生产费用		25 000	0.390 096	9 752.4	1 258	4.355 8	5 479.6	15 232
对外分配	基本生产—甲产品	12 000		4 681.15	600		2 613.48	7 294.63
	基本生产—乙产品	11 000		4 291.06	500		2 177.90	6 468.96
	制造费用	1 200		468.11	100		435.58	903.69
	管理费用	800		312.08	58		252.64	564.72
合计		25 000		9 752.4	1 258		5 479.6	15 232

表中计算分配如下。

(1) 交互分配前的单位成本

供电：10 200/27 200 ＝ 0.375(元／度)

锅炉：5 032/1 360 ＝ 3.7(元／吨)

(2) 交互分配

供电分配蒸汽费：102 × 3.7 ＝ 377.4(元)

锅炉分配电费：2 200 × 0.375 ＝ 825(元)

(3) 交互分配后的实际费用

供电：10 200 ＋ 377.4 － 825 ＝ 9 752.4(元)

锅炉：5 032 ＋ 825 － 377.4 ＝ 5 479.6(元)

(4) 交互分配后的单位成本(对外分配单位成本)

供电：9 752.4/25 000 ＝ 0.390 096(元／度)

锅炉：5 479.6/1 258 ＝ 4.355 8(元／吨)

根据辅助生产费用分配表编制会计分录。

(1) 交互分配

借：生产成本—辅助生产成本—供电　　377.4

　　　　　　　　　　　　—锅炉　　825

　贷：生产成本—辅助生产成本—供电　　825

　　　　　　　　　　　　—锅炉　　377.4

(2) 对外分配

借：生产成本—基本生产成本—甲产品　　7 294.63

　　　　　　　　　　　　—乙产品　　6 468.96

　　制造费用　　903.69

　　管理费用　　564.72

　贷：生产成本—辅助生产成本—供电　　9 752.4

　　　　　　　　　　　　—锅炉　　5 479.6

交互分配法克服了直接分配法在各辅助生产车间之间不分配费用的缺点，使辅助生产车间的成本计算更为准确。但各辅助生产成本要计算两个分配率，进行两次分配，从而增加了工作量；同时在实行厂部车间两级成本核算的企业里，各辅助生产车间只能在接到财会部门转来其他车间分入费用后，才能计算实际费用，因此影响了成本计算的及时性。这种方法主要适用于辅助生产车间相互提供劳务较多的情况。

4. 代数分配法

代数分配法是运用代数中多元一次联立方程的原理，在辅助生产车间之间相互提供产品或劳务的情况下，采用的一种辅助生产费用分配的方法。采用这种分配方法，首先应根据各辅助生产车间相互提供产品或劳务的数量，求解联立方程式，计算辅助生产产品或劳务的单位成本；然后根据各受益单位耗用产品或劳务数量和单位成本，计算分配辅助生产费用。

[例 4-4] 现仍以前例资料为例，计算过程如下。

设 X 代表每度电的单位成本，Y 代表每吨蒸汽的单位成本，建立如下多元一次方程组：

$$27\,200X = 10\,200 + 102Y$$
$$1\,360Y = 5\,032 + 2\,200X$$

解得：

$$X = 0.391\,248\,3$$
$$Y = 4.332\,872\,5$$

用代数分配法编制辅助生产费用分配表，如表 4-5 所示。

表 4－5　辅助生产费用分配表(代数分配法)

金额单位：元

<table>
<tr><th colspan="2" rowspan="3">项目</th><th rowspan="3">单位成本</th><th rowspan="3">费用合计</th><th colspan="4">辅助生产</th><th colspan="4">基本生产</th><th colspan="2" rowspan="2">制造费用</th><th colspan="2" rowspan="2">管理费用</th></tr>
<tr><th colspan="2">供电车间</th><th colspan="2">锅炉车间</th><th colspan="2">甲产品</th><th colspan="2">乙产品</th></tr>
<tr><th>数量</th><th>金额</th><th>数量</th><th>金额</th><th>数量</th><th>金额</th><th>数量</th><th>金额</th><th>数量</th><th>金额</th><th>数量</th><th>金额</th></tr>
<tr><td colspan="2">待分配费用</td><td></td><td>15 232</td><td></td><td>10 200</td><td></td><td>5 032</td><td></td><td></td><td></td><td></td><td></td><td></td><td></td><td></td></tr>
<tr><td rowspan="3">费用分配</td><td>供电</td><td>0.391 248 3</td><td>10 641.95</td><td></td><td></td><td>2 200 度</td><td>860.75</td><td>12 000 度</td><td>4 694.98</td><td>11 000 度</td><td>4 303.73</td><td>1 200 度</td><td>469.50</td><td>800 度</td><td>313.00</td></tr>
<tr><td>锅炉</td><td>4.332 872 5</td><td>5 892.71</td><td>102 吨</td><td>441.95</td><td></td><td></td><td>600 吨</td><td>2 599.72</td><td>500 吨</td><td>2 166.44</td><td>100 吨</td><td>433.29</td><td>58 吨</td><td>251.31</td></tr>
<tr><td>合计</td><td></td><td>16 534.67</td><td></td><td>10 641.95</td><td></td><td>5 892.75</td><td></td><td>7 294.70</td><td></td><td>6 470.17</td><td></td><td>902.79</td><td></td><td>564.31</td></tr>
</table>

根据生产费用分配表编制会计分录。

借：生产成本—辅助生产成本—供电　　441.94

　　　　　　　　　　　　—锅炉　　860.75

　　生产成本—基本生产成本—甲产品　　7 294.70

　　　　　　　　　　　　—乙产品　　6 470.17

　　制造费用　　902.79

　　管理费用　　564.31

　贷：生产成本—辅助生产成本—供电　　10 641.95

　　　　　　　　　　　　　—锅炉　　5 892.75

采用代数分配法分配辅助生产费用，其费用分配结果准确。但是，当企业的辅助生产车间较多时，需设的未知数就多，计算较为复杂。所以，代数分配法一般适用于企业辅助生产车间较少，或采用会计电算化的企业。

5. 计划成本分配法

计划成本分配法是指根据生产车间提供的产品或劳务数量及其计划单位成本，计算为各车间、部门提供服务的产品和劳务数量应分配的费用。辅助生产车间的实际费用，应包括辅助生产交互分配转入的费用。对辅助生产车间发生的实际成本与按计划成本计算的分配额之间的差额，为了简化核算，可不再按受益比例进行分摊，而直接冲减或增加管理费用。计划成本分配法的计算步骤如下。

第一步，按各辅助生产车间所提供的产品、劳务的计划单位成本进行分配；

第二步，计算辅助生产实际发生费用与计划转出成本(计划分配额)的差异：

某辅助生产车间应分配的辅助生产费用＝该车间或部门的劳务耗用量×计划单位成本

某辅助生产车间实际成本＝该车间直接发生费用＋分配转入费用

某辅助生产车间成本差异＝该辅助生产车间实际成本

－该辅助生产车间计划成本

第三步，将辅助生产成本差异进行第二次分配或直接转入“管理费用”账户。

［例 4-5］ 某企业设有供电、机修两个辅助生产车间，20 ** 年 6 月归集的费用和提供的产品、劳务数量等资料如表 4-6 所示。

表 4-6 辅助生产车间资料表

金额单位：元

辅助生产车间	待分配费用额	提供的产品、劳务数量							
		计量单位	供电车间	机修车间	基本生产		制造费用	管理费用	合计
					甲产品	乙产品			
供电	23 400	度		8 000	20 000	16 000	5 000	3 000	52 000
机修	42 000	工时	2 000				9 200	2 800	14 000

第一步：假设各劳务的计划单位成本为：每度电 0.5 元，每机修工时 3.2 元，按计划单位成本合格受益单位劳务量进行第一次分配，如表 4-7 所示。

表 4-7 辅助生产费用分配表(计划成本分配法)

单位：元

项目		计量单位	分配率	合计	应借账户					
					生产成本				制造费用	管理费用
					辅助生产成本		基本生产成本			
					供电	机修	甲产品	乙产品		
直接费用					23 400	42 000				
按计划成本分配	供电	度	0.5	26 000		4 000	10 000	8 000	2 500	1 500
	机修	工时	3.2	44 800	6 400				29 440	8 960
	小计				6 400	4 000	10 000	8 000	31 940	10 460
辅助生产实际成本					29 800	46 000				
辅助生产成本差异					3 800	1 200				

第二步，计算辅助生产实际成本与计划成本的差异：

供电车间的实际成本＝23 400＋2 000×3.2＝29 800(元)

供电车间的成本差异＝29 800－52 000×0.5＝3 800(元)

机修车间的实际成本＝42 000＋8 000×0.5＝46 000(元)

机修车间的成本差异 = 46 000 − 14 000 × 3.2 = 1 200(元)。

第三步，将辅助生产成本差异进行第二次分配或直接转入"管理费用"账户。

根据表 4-7，按计划成本作会计分录如下。

借：生产成本—辅助生产成本—供电车间	6 400	
—机修车间	4 000	
生产成本—基本生产成本—甲产品	10 000	
—乙产品	8 000	
制造费用	31 940	
管理费用	10 460	
贷：生产成本—辅助生产成本—供电车间		26 000
—机修车间		44 800

将辅助生产成本差异转入管理费用，作会计分录如下。

借：管理费用	5 000	
贷：生产成本—辅助生产成本—供电车间		3 800
—机修车间		1 200

采用计划成本分配法，只要有各受益单位耗用辅助生产车间的产品或劳务量，便可按计划成本进行分配，从而简化和加速了分配的计算工作；采用计划单位成本分配，排除了辅助生产实际费用高低对各受益单位成本的影响，便于考核和分析各受益单位的经济责任；还能够反映辅助生产车间产品或劳务的实际成本与计划成本差异。但采用这种方法，要求各辅助生产车间提供劳务或产品的计划单位成本必须比较准确。

第三节　制造费用的核算

一、制造费用的含义和内容

制造费用是指企业各生产单位为组织和管理生产而发生的各项间接费用，以及企业各生产单位所发生的固定资产使用费和维修费用。它包括生产单位管理人员薪酬，生产单位房屋、建筑物和机器设备等的折旧费、修理费，机物料消耗，低值易耗品摊销，取暖费，水电费，办公费，差旅费，运输费，保险费，设计制图费，试验检验费，劳动保护费，季节性和修理期间的停工损失以及其他制造费等。各项费用具体包括内容如下。

(1) 职工薪酬：指生产车间管理人员、工程技术人员和其他非直接生产人员的全部薪酬费用。

(2) 折旧费：指生产车间使用的房屋、建筑物、机器设备等固定资产按一定比例提取的折旧费。

(3) 租赁费：指各生产车间租入的固定资产列入成本的租金(不包括融资租赁)。

(4) 修理费：指各生产车间使用的固定资产发生的大修理费用和经常修理费用。

(5) 机物料消耗：指各生产车间为了维护机器设备正常使用而发生的各种材料消耗费用。

(6) 低值易耗品摊销：指各生产车间领用的工具、器具等摊销额。

(7) 水电费：指各生产车间由于消耗水电而支付的费用(不包括直接计入产品成本的动力费用)。

(8) 办公费：指各生产车间发生的文具、印刷、邮电、办公用品等费用。

(9) 差旅费：指各生产车间发生的职工因工外出的各项差旅费。

(10) 运输费：指厂内和厂外提供运输劳务的费用支出。

(11) 保险费：指各生产车间应负担的各项保险费。

(12) 劳动保护费：指各生产车间发生的各项劳动保护费。

(13) 设计制图费：指生产车间应负担的设计部门的日常经费，包括图纸用品委托外部门设计支付的费用。

(14) 试验检验费：指车间范围内对材料产品进行分析、化验、检验所发生的费用。

(15) 环境保护费：指应由车间负担的排运费、绿化费等。

(16) 存货盘亏：指各车间发生的并经批准由产品成本负担的存货盘亏或毁损(减去盘盈)。

(17) 其他制造费用：指不包括在以上各项内的制造费用。

制造费用是产品成本的重要组成部分，正确合理地组织制造费用的核算，对于正确计算产品成本，控制各车间、部门的费用开支，考核费用预算的执行情况，不断降低产品成本具有重要作用。

二、制造费用的归集

企业发生的各项制造费用，是按其用途和发生地点，通过“制造费用”科目进行归集和分配的。该科目应按车间(基本生产车间、辅助生产车间)、部门开设明细账，账内按照费用项目开设专栏，进行明细核算。费用发生时，根据支出凭证借记“制造费用”科目及其所属有关明细账，但材料、工资、折旧以及待摊和预提费用等，要在月末时根据汇总编制的各种费用分配表记入。材料、产品等存货的盘盈、盘亏数，则应根据盘点报告表登记。归集在“制造费用”科目借方的各项费用，月末应全部分配转入“生产成本”科目，记入产品成本。除季节性的生产性企业外，“制造费用”科目一般月末没有余额。应该指出，辅助生产车间发生的费用，如果辅助生产的制造费用是通过“制造费用”科目单独核算，则应比照基本生产车间发生的费用核算；如果辅助生产的制造费用不通过“制造费用”科目单独核算，则应全部记入“辅助生产成本”科目及其明细账的有关成本或费用项目。

以某企业资料为例，“制造费用”明细账格式如表 4-8 所示。

表 4-8 制造费用明细账

单位：元

摘要	工资	福利费	折旧费	修理费	保险费	办公费	差旅费	水电费	运输费	小计
分配工资费用	9 000									9 000
分配福利费		1 260								1 260
分配折旧费			800							800
分配修理费				700						700
摊销保险费					650					650
支付办公费						920				920
支付差旅费							480			480
支付水电费								1 500		1 500
支付运输费									1 100	1 100
合计	9 000	1 260	800	700	650	920	480	1 500	1 100	16 410
月末转出	9 000	1 260	800	700	650	920	480	1 500	1 100	16 410

三、制造费用的分配

月终，将本月制造费用明细账中所汇集的制造费用总额，按照一定的分配标准，分配计入有关的成本计算对象。在只生产一种产品的车间、部门，发生的制造费用全部由该种产品负担，制造费用直接计入该种产品的“基本生产成本”明细账。在生产多种产品的车间、部门，其共同发生的制造费用则要求采用既合理又简便的分配方法，分配计入各种产品成本。

制造费用分配计入各种产品成本的方法，常用的有按生产工时比例法、生产工人工资比例法、机器工时比例法、按耗用原材料的数量或成本、按直接成本、按产品产量以及按年度计划分配率分配法等。

(一) 制造费用分配的基本方法

1. 生产工人工时比例法

生产工人工时比例法是按照各种产品所耗用生产工人工时的比例分配制造费用的一种方法。计算公式如下：

制造费用分配率 = 制造费用总额 / 车间产品生产工时总额

某种产品应分配的制造费用 = 该种产品生产工时 × 制造费用分配率

按生产工时比例分配，可以是各种产品实际耗用的生产工时(实用工时)，也可以是定额工时。计算公式如下：

制造费用分配率 = 制造费用总额 / 车间产品实用(定额)工时总额

某种产品应分配的制造费用 = 该种产品实用(定额)工时 × 制造费用分配率

[例 4-6] 企业第一生产车间生产甲、乙、丙三种产品，甲产品实耗生产工人工时 1 200 h，乙产品实耗生产工人工时 950 h，丙产品实耗生产工人工时 1 050 h。第一生产车间本月发生制造费用 49 600 元。计算分配如下：

制造费用分配率 = 49 600/(1 200 + 950 + 1 050) = 15.5(元/h)

甲产品制造费用 = 1 200 × 15.5 = 18 600(元)

乙产品制造费用 = 950 × 15.5 = 14 725(元)

丙产品制造费用 = 1 050 × 15.5 = 16 275(元)

编制制造费用分配表如表 4-9 所示。

表 4-9 制造费用分配表

基本生产车间：　　　　　　　　金额单位：元

应借科目	生产工时(h)	分配金额(分配率 15.5 元/h)
基本生产成本—甲产品	1 200	18 600
—乙产品	950	14 725
—丙产品	1 050	16 275
合计	3 200	49 600

根据制造费用分配表，编制会计分录如下。

借：基本生产成本—甲产品　　18 600
　　　　　　　　—乙产品　　14 725
　　　　　　　　—丙产品　　16 275
　贷：制造费用　　　　　　　　49 600

采用这种分配方法，前提条件是制造费用与直接工时关系密切，比如每增加 1 h 的人工，便增加若干制造费用，它把劳动生产率与产品负担的费用水平联系起来，而且资料易于取得，分配结果合理。但是采用这种方法时，各种产品生产的机械化程度不能相差悬殊，否则机械化程度低的产品所负担的折旧费和修理费，就会显得不合理。

2. 生产工人工资比例法

生产工人工资比例法是以各种产品的生产工人工资的比例分配制造费用的一种方法。其计算公式如下：

制造费用分配率 = 制造费用总额 / 车间产品生产工人工资总额

某种产品应分配的制造费用 = 该种产品生产工人工资 × 制造费用分配率

由于工资费用分配表中有现成的生产工人工资的资料，所以该种分配方法核算工作简便。采用这种方法的前提条件是制造费用与人工成本关系密切，因此它与产品生产工时比例法相似，适用于各种产品的生产机械化程度大致相同，生产工人的熟练程度差不多的情况。

3. 机器工时比例法

机器工时比例法是以各种产品生产所用机器设备的运转工作时数的比例作为标准来分配制造费用。其计算公式如下：

制造费用分配率 = 制造费用总额 / 各种产品耗用的机器工时总额

某种产品应分配的制造费用 = 该种产品耗用的机器工时数 × 制造费用分配率

采用这种方法的前提条件是制造费用与机器操作时间关系密切。所以这种方法适用于机械化、自动化程度高的制造费用的分配。但实际上制造费用并非全部与机器操作有关；此外，不同机器设备单位工作时间折旧费、修理费是不同的，甚至差距悬殊。为了使这种分配方法的分配结果更准确，应将机器设备进行分类，按其类别确定机器工时系数，用工时系数折算出标准机器工时，再按标准机器工时分配制造费用。

［例 4－7］ 某企业基本生产车间本月份制造费用总额 16 000 元，机器工时总数为 14 000 h。A 设备为先进设备，工时总数为 6 000 h，生产一种甲产品；B 设备为普通设备，工时总数为 11 000 h，生产乙、丙两种产品，耗用的工时分别为 7 000 h、4 000 h。根据 A、B 两种设备的折旧费与修理费用确定 A、B 两种设备工时系数为 1.5∶1。本月甲、乙、丙三种产品应分配的制造费用如表 4－10 所示。

表 4－10　制造费用分配表

产品名称	机器工时(h)	工时系数	标准工时(h)	分配率	应分配制造费用(元)
甲产品	6 000	1.5	9 000		7 200
乙产品	7 000	1	7 000		5 600
丙产品	4 000	1	4 000		3 200
合　计			20 000	0.8	16 000

根据制造费用分配表编制会计分录如下。

借：生产成本—基本生产成本—甲产品　　7 200

　　　　　　　　　　　　　—乙产品　　5 600

　　　　　　　　　　　　　—丙产品　　3 200

　贷：制造费用　　16 000

4. 原材料及主要材料成本(或数量)

即以各种产品耗用的原材料及主要材料成本或数量作为分配标准。这一分配标准适用于原材料在产品成本中占较大比例，加工过程比较简单的企业和车间，其分配标准的资料易于取得，且分配简便。

5. 直接费用比例法

即以直接归属产品负担的直接费用作为分配标准。直接费用是指直接材料费用与直接工资费用之和所构成的成本，即原材料、燃料、动力、生产工人工资及应提取的福利费用之和。该方法是以产品的直接费用与制造费用的发生有关系为前提，而且各项直接费用对制造费用的影响程度必须大体一致，否则，运用这种方法分配的产品制造费用就不太合理。此方法的计算与分配程序与生产工时比例法基本相同。

6. 产品产量比例法

即以各种产品产量作为分配标准。这一分配方法适用于产品品种不多和成本水平较为接近，且计量单位相同的同类产品生产的企业和车间。在生产系列产品的车间，为计算类别内各种产品成本采用这一分配标准时，应将各种产品产量换算为标准产品产量进行分配。

（二）按年度计划分配率分配法

按年度计划分配率分配法是按照年度开始前确定的全年适用的计划分配率分配费用的方法。采用这种分配方法，不论各月实际发生的制造费用是多少，每月各种产品成本中的制造费用都按年度计划确定的计划分配率分配。计划分配额与实际发生费用额之间的差额，平时留在“制造费用”账内，年末再按照各种产品已分配数的比例计入12月份的成本中。实际分配额大于计划分配额，借记“基本生产成本”科目，贷记“制造费用”科目；实际分配额小于计划分配额，则用红字冲减，或者借记“制造费用”科目，贷记“基本生产成本”科目。其计算公式如下：

$$\text{年度计划分配率}=\frac{\text{年度计划制造费用总额}}{\text{年度各种产品计划产量的定额工时总额}}$$

$$\text{某月某产品制造费用}=\text{该月该产品实际产量的定额工时数}\times\text{年度计划分配率}$$

$$\begin{array}{c}\text{实际制造费用与按计划分配率}\\\text{分配的制造费用的差额}\end{array}=\text{实际制造费用}-\text{按计划分配率分配的制造费用}$$

$$\text{差异额分配率}=\frac{\text{差异额}}{\text{按计划分配率分配的制造费用}}$$

$$\text{某产品应分配的差异额}=\text{该产品按计划分配率分配的制造费用}\times\text{差异额分配率}$$

［例4-8］　某企业的第二生产车间全年计划制造费用总额为360 000元，各种产品全年定额工时为400 000 h。12月份甲产品实际产量的定额工时为26 000 h，乙产品实际产量的定额工时为11 000 h。年末核算时，该车间全年共发生制造费用378 000元。1～11月份按计划分配率分配的制造费用甲产品为244 800元，乙产品为107 100元。其制造费用的分配如下：

制造费用计划分配率 $=360\,000/400\,000=0.90$（元/h）

12月份甲产品应负担的制造费用 $=26\,000\times0.90=23\,400$（元）

12月份乙产品应负担的制造费用 $=11\,000\times0.90=9\,900$（元）

差异额 $=378\,000-(244\,800+107\,100+23\,400+9\,900)=-7\,200$（元）

$$差异额分配率=\frac{-7\,200}{(244\,800+23\,400)+(107\,100+9\,900)}=-0.018\,69$$

甲产品应分配的差异额 $=(244\,800+23\,400)\times(-0.018\,69)=-5\,013.10$(元)

乙产品应分配的差异额 $=(107\,100+9\,900)\times(-0.018\,69)=-2\,186.90$(元)

计算结果为负数,则应冲减产品成本中的制造费用数额。

采用计划分配率分配方法,其优点是可随时结算已完工产品应负担的制造费用,简化分配手续,均衡产品成本负担。但采用这种方法,必须要有较高的计划管理水平,否则计划分配额与实际发生额差异过大,就会影响制造费用分配的准确性。

第四节 生产损失的核算

一、废品损失的归集与分配

生产中的废品,是指经检验在质量上不符合规定的技术标准,不能按原定用途使用,或需要在生产中经过重新加工修理后才能使用的产品。

废品的产生,不仅会减少产量,影响生产计划的完成,而且会降低产品质量,提高产品成本。如果废品已经出售,更会带来一系列不良后果,有损企业信誉。因此企业必须建立健全生产责任制度,严格执行技术操作规程,把好产品的质量检验关,并且加强废品损失的核算工作,正确核算和监督废品损失的发生情况,以便分析原因,采取措施,努力减少或消灭废品。

废品按其废损程度和在经济上是否具有修复价值,可分为可修复废品和不可修复废品两类。所谓可修复废品是指该废品在技术上是可以修复的,而且在重新修理加工过程中所支付的费用在经济上是合算的。所谓不可修复废品是指该废品在技术上是不可修复的或者虽能修复,但在经济上是不合算的。

废品损失是指生产中废品的报废损失和修复费用。废品的报废损失是指不可修复废品的生产成本扣除回收的残料价值及应收的赔偿款后的净损失;修复费用是指可修复废品在返修过程中所发生的修理费用,包括在返修过程中补领的原材料、零配件价值和支付的工资等。如果有可回收的废料或应收赔偿款,也应扣除。以下原因造成的废品损失不列入废品损失的核算范围:

(1) 经检验部门鉴定不需要返修而可以降价出售的不合格品,其成本与合格品相同,其售价低于合格品售价所产生的损失,应在计算销售损益中体现,不作废品损失处理。

(2) 产品入库后,由于保管不善而造成的损失,应作为管理费用处理,也不列作废品损失。

在生产过程中产生废品时,填写“废品通知单”。“废品通知单”是进行废品损失核算的原始凭证,在单内要详细填列废品的名称、产生废品的原因、工序、负责人和处理意见等。

废品损失的核算可通过专门设置的“废品损失”科目，也可以在“生产成本”账户下设“废品损失”明细账进行核算。“废品损失”科目应按车间设置明细账，账内按产品品种和成本项目登记废品损失的详细资料。“废品损失”科目的借方登记发生的可修复废品的修复费用、不可修复废品的成本，贷方登记回收残料价值、应收的赔偿款以及应由本月完工产品成本负担的废品净损失；该账户月末无余额。

(一) 不可修复废品损失的归集与分配

为了归集与分配不可修复的废品损失，必须首先计算废品的成本。废品成本是指生产过程中截至报废时为止所耗费的一切费用，扣除废品的残值和应收赔款，算出废品净损失，计入该种产品成本。由于不可修复废品的成本与合格品的成本是归集在一起同时发生的，因此需要采取一定的方法予以确定。一般有两种方法：一是按废品所耗实际费用计算；二是按废品所耗定额费用计算。

1. 按废品所耗实际费用计算

采用这种方法，就是在废品报废时根据废品和合格品发生的全部实际费用，采用一定的分配方法，在合格品和废品之间进行分配。当原材料在开始生产就一次投入时，材料费用可按合格品与废品的数量比例分配；如果不是在开始生产时一次投入的，而是随着生产进度陆续投入的，则需采用适当的方法，将废品折合成合格品的数量进行分配。其余各成本项目，可按合格品与废品的生产工时比例或其他标准进行分配。

现举例说明按废品所耗实际费用计算不可修复废品成本的方法。

[例 4-9]　某企业生产甲产品，合格品 480 件，生产过程中发现不可修复废品 20 件，全部生产工时 4 000 h，其中废品工时 200 h。共发生费用：直接材料 200 000 元，直接工资 16 000 元，制造费用 18 400 元，废品残值回收 800 元，直接材料在开始生产时一次投入，其他费用按生产工时比例分配。

根据上述资料，可编制不可修复废品损失计算表，如表 4-11 所示。

表 4-11　不可修复废品损失计算表

金额单位：元

项　目	产量(件)	直接材料	生产工时(h)	直接工资	制造费用	合　计
费用总额	500	200 000	4 000	16 000	18 400	234 400
费用分配率		400		4	4.6	—
废品成本	20	8 000	200	800	920	9 720
废品残值		800				
废品净损失		7 200		800	920	8 920

根据不可修复废品损失计算表，编制如下会计分录。

(1) 结转废品成本(实际成本)

借：废品损失—甲产品　　9 720
　贷：基本生产成本—甲产品—直接材料　　8 000
　　　　　　　　　　　　—直接人工　　800
　　　　　　　　　　　　—制造费用　　920

(2) 回收废品残料价值

借：原材料　　800
　贷：废品损失—甲产品　　800

(3) 废品净损失转入该中合格产品成本

借：基本生产成本—甲产品—废品损失　　8 920
　贷：废品损失—甲产品　　8 920

在完工以后发现的废品，其单位废品负担的各项生产费用与单位合格品完全相同，可按合格品数量和废品数量比例分配各项生产费用，计算废品的实际成本。

按废品的实际费用计算与分配废品损失，符合费用的实际发生情况，但核算工作量大。

2. 按废品所耗定额费用计算

按废品所耗定额费用计算，也称为定额成本计算方法。这是按废品的数量和各项费用定额计算废品的定额成本，再将废品的定额成本扣除废品残料回收价值，即为废品损失，而不考虑废品实际发生的费用。

[例 4-10] 某企业生产乙产品，合格品 960 件，不可修复废品 40 件，该产品单位直接材料费用定额为 250 元，废品工时 300 h，直接工资每小时定额费用 14 元，制造费用每小时定额费用 16 元，回收废品残值 600 元。

根据上述资料，可编制不可修复废品损失计算表，如表 4-12 所示。

表 4-12 废品损失计算表(按定额成本计算)

单位：元

项　目	直接材料	直接工资	制造费用	合　计
单位费用定额	250 元/件	14 元/h	16 元/h	280
废品定额成本	10 000	4 200	4 800	19 000
减：回收残值	600			600
废品损失	9 400	4 200	4 800	18 400

根据不可修复废品损失计算表，编制如下会计分录。

(1) 结转废品成本(定额成本)

借：废品损失—乙产品　　19 000
　贷：基本生产成本—乙产品—直接材料　　10 000
　　　　　　　　　　　　—直接人工　　4 200
　　　　　　　　　　　　—制造费用　　4 800

(2) 回收废品残料价值

借：原材料　600

　贷：废品损失—乙产品　600

(3) 废品净损失转入该种合格产品成本

借：基本生产成本—乙产品—废品损失　18 400

　贷：废品损失—乙产品　18 400

(二) 可修复废品损失的归集与分配

可修复废品在修复后仍可当作合格品入库待售。因此，其原来的生产成本仍应留在该产品的各成本项目中，不需转入“废品损失”明细账。返修时发生的修复费用，应根据原材料、职工薪酬、辅助生产费用和制造费用等分配表计入“废品损失”科目的借方，以及有关科目的贷方。如有残值和应收赔款，应从“废品损失”科目的贷方转入“原材料”、“其他应收款”等科目的借方。将废品净损失(修复费用减去残值和赔款)从“废品损失”科目的贷方转入“基本生产成本”科目的借方及其有关成本明细账的废品损失成本项目。

不单独核算废品损失的企业，不设置“废品损失”会计科目和废品损失成本项目，在回收废品残料时，计入“原材料”科目的借方和“基本生产成本”科目的贷方，并从所属有关产品成本明细账的“原材料”成本项目中扣除残料价值。辅助生产一般不单独核算废品损失。

[例 4-11] 某企业修复废品丙产品领用材料 1 000 元，应分配修复人员工资 500 元，制造费用 850 元，应向有关人员收取 150 元赔款。根据有关凭证和费用分配表分别作会计分录如下。

(1) 领用材料时

借：废品损失　1 000

　贷：原材料　1 000

(2) 核算应分配工资及制造费用

借：废品损失　1 350

　贷：应付职工薪酬　500

　　　有关科目　850

(3) 应收赔款

借：其他应收款　150

　贷：废品损失　150

(4) 结转废品净损失

借：基本生产成本—丙产品—废品损失　2 200

　贷：废品损失—丙产品　2 200

二、停工损失的归集与分配

停工损失是指生产车间或车间内某个班组在停工期间发生的各项费用，包括停工期间所支付的生产工人工资和提取的福利费、所耗用的材料和动力费，以及应负担的制造费用。由于过失单位或过失人造成停工而应负担的赔偿应从停工损失中扣除。

企业发生停工的原因很多，如电力供应中断、原材料供应不足、机器设备出现故障、产品滞销、计划减产、发生非常灾害等都会引起停产。另外，有些企业的生产带有明显的季节性，会引起季节性停工。停工时间有长有短，范围有大有小。在一般情况下，为了简化会计核算手续，停工损失的计算范围与时间可由企业或企业与其主管部门自行确定。停工时，停工的车间应填制“停工报告单”，注明停工的范围、时间、原因和过失单位或过失人，“停工报告单”在经有关部门审批后，作为停工损失核算的依据。

为了核算停工损失，应设置“停工损失”科目或在“生产成本”账户下设置“停工损失”明细账进行核算。“停工损失”科目应按车间设置明细账进行明细核算。企业应根据停工报告单和各项费用分配表等凭证将停工期间发生的应该列入停工损失的各项费用，计入该账户的借方；应由过失单位或过失人赔偿的款项，则从该账户的贷方转入“其他应收款”等科目的借方；期末借方发生额与贷方发生额之差为停工净损失，应从贷方转出。按照规定，凡是由自然灾害造成停工的非常损失以及非季节性、非修理期间的停工损失应转入“营业外支出”科目的借方；应由本月产品成本负担的部分，则转入“基本生产成本”科目的借方，并采用合理的分配标准，分配进入各车间各产品成本明细账的停工损失明细账。“停工损失”科目月末无余额。

对于季节性、修理期间的停工损失，应列入制造费用，可采用预提、待摊的方法，由开工月份负担。辅助生产车间的停工损失，一般不单独核算。

(1) 当发生停工损失时，应根据停工单等凭证做如下会计分录。

借：停工损失

　　贷：应付职工薪酬

　　　　制造费用等科目

(2) 由过失单位或过失人赔偿的款项，应做如下会计分录。

借：其他应收款

　　贷：停工损失

(3) 季节性、修理期间的停工损失，应预提计入制造费用，由生产期间的产品负担，预提时应做如下会计分录。

借：制造费用

　　贷：预提费用

(4) 在结转季节性、修理期间的停工损失时，应做如下会计分录。

借：预提费用

　　贷：停工损失

(5) 如果是非季节性、非修理期间的停工损失应列入营业外支出，做如下会计分录。

借：营业外支出

　　贷：停工损失

经过上述处理后，在一般情况下“停工损失”科目应无余额。

本章小结

辅助生产是指为企业基本生产、行政管理部门提供产品或劳务的生产，辅助生产车间发生的各项费用称为辅助生产费用。辅助生产费用的归集和分配是通过设置“生产成本—辅助生产成本”科目来进行。辅助生产费用的分配通常采用直接分配法、顺序分配法、交互分配法、代数分配法和计划成本分配法等。对于分配给基本生产车间产品用的辅助生产费用，若是生产多种产品，还应采用一定的方法，在各种产品中进行分配。

制造费用是指企业各生产单位为组织和管理生产而发生的各项间接费用，以及企业各生产单位所发生的固定资产使用费和维修费用。制造费用的归集是通过设置“制造费用”科目进行的，该科目应按生产车间设置明细账进行明细核算。制造费用的分配方法主要有生产工时比例法、生产工人工资比例法、机器工时比例法、按耗用原材料的数量或成本、按直接成本、按产品产量以及按年度计划分配率分配法等。

废品按其废损程度和在经济上是否具有修复价值，可分为可修复废品和不可修复废品两类。废品损失是由可修复废品的修复费用和不可修复废品的成本组成（扣除残值及应收赔偿款）。废品损失应记入产品成本。不可修复废品成本可按废品所耗实际费用和定额费用两种方法计算。

停工损失是指生产车间或车间内某个班组在停工期间发生的各项费用。

本章术语

辅助生产费用；直接分配法；交互分配法；代数分配法；顺序分配法；计划成本分配法；制造费用；生产工时比例法；生产工人工资比例法；机器工时比例法；年度计划分配率分配法；可修复废品；不可修复废品；废品损失；停工损失

复习思考题

1. 什么是辅助生产？辅助生产车间应设置什么科目进行核算？辅助生产费用的归集程序是什么？

2. 辅助生产费用由哪几种分配方法？试比较各种辅助生产费用分配方法的联系与区别。
3. 什么是制造费用？制造费用包括哪些内容？制造费用应如何进行归集？
4. 制造费用分配的基本方法有哪几种？具体如何进行计算？
5. 什么是废品损失？废品损失包括哪些内容？废品损失应如何进行计算？
6. 什么是停工损失？停工损失的计算范围如何确定？停工损失应如何进行账务处理？

业务计算题

1. 某企业有供电和机修两个辅助生产车间，当月各车间发生费用和提供劳务情况如下表：

项　　目		供电车间	机修车间
待分配车间		6 104 元	4 674 元
供应劳务总量		10 900 度	950 h
计划单位成本		0.5	5
各部门耗用劳务量	供电车间		110 h
	机修车间	1 400 度	
	基本生产车间生产产品耗用	9 000 度	
	基本生产车间一般耗用	300 度	800 h
	行政管理部门	200 度	40 h

要求：采用计划成本分配法分配供电和机修车间费用，将计算结果填入下表，并编制相应会计分录。（“辅助生产成本”科目要写出明细科目，辅助生产车间不设“制造费用”科目，成本差异全部计入管理费用。）

辅　助　生　产			供　电	机　修	合　计
直接费用(元)			6 104	4 674	10 778
供应数量			10 900 度	950 h	
计划单位成本			0.5	5	
辅助生产	供　电	数量		110 h	
		金额(元)			
	机　修	数量	1 400 度		
		金额(元)			
	分配金额小计(元)				

续 表

辅助生产			供电	机修	合计
基本生产	生产用	数量	9 000 度		
		金额(元)			
	一般用	数量	300 度	800 h	
		金额(元)			
管理部门		数量	200 度	40 h	
		金额(元)			
按计划成本分配合计(元)					
辅助生产实际成本(元)					
成本差异(元)					

2. 某企业设有修理、运输两个辅助生产车间，本月发生辅助生产费用、提供劳务量如下表：

辅助生产		机修车间	运输车间
待分配费用(元)		5 160	9 600
劳务供应数量		2 150 h	8 000 km
耗用劳务数量	修理车间		500 km
	运输车间	150 h	
	基本生产车间	1 750 h	6 800 km
	管理部门	250 h	700 km

要求：采用交互分配法分配辅助生产费用，并将计算结果直接填入下表，并编制相应会计分录。

项目		机修车间			运输车间		
		供应数量(h)	分配率	分配金额(元)	供应数量(km)	分配率	分配金额(元)
分配前情况		2 150		5 160	8 000		9 600
交互分配	机修车间						
	运输车间						
分配后情况							
对外分配	基本车间	1 750			6 800		
	管理部门	250			700		
对外分配合计							

3. 某企业有供水和供电两个辅助生产车间，主要为本企业基本生产车间和行政管理部门服务，供水车间本月发生费用为 10 500 元，供电车间本月发生费用为 22 000 元。各辅助生产车间供应产品或提供劳务数量见下表：

受　益　单　位	耗水(m^3)	耗电(度)
第一生产车间—产品耗用	6 000	20 000
—一般耗用	1 080	6 000
第二生产车间—产品耗用	4 800	15 000
—一般耗用	1 120	5 000
辅助生产车间—供电	2 500	
—供水		5 000
行政管理部门	2 000	4 000
合　计	17 500	55 000

要求：分别根据直接分配法、顺序分配法、交互分配法、代数分配法编制辅助生产费用分配表，并编制有关的会计分录。

4. 某企业基本生产车间生产甲、乙两种产品，制造费用在这两种产品之间按生产工时比例进行分配，两种产品的生产工时为：甲产品 16 750 h，乙产品 11 975 h。

本月份发生费用资料如下：

(1) 耗用原材料(消耗性材料)4 500 元；

(2) 修理费用 1 450 元；

(3) 耗用低值易耗品(一次摊销)1 700 元；

(4) 车间管理人员工资 2 400 元；

(5) 计提职工福利费 336 元；

(6) 支付办公费 324 元；

(7) 支付水电费 245 元；

(8) 计提折旧 3 800 元；

(9) 预提大修理费用 1 500 元；

(10) 根据辅助生产费用分配表资料，基本生产车间应负担运输费 980 元。

办公费、修理费、水电费等均用银行存款支付。

要求：(1) 根据以上资料编制会计分录。

(2) 按生产工人实际工时比例分配制造费用并编制有关会计分录。

5. 某企业生产车间本月份生产甲、乙、丙三种产品，共发生制造费用 63 125 元，甲产品发生的生产工人工资 4 500 元，乙产品发生的生产工人工资 3 400 元，丙产品发生的生产工人工资 2 200 元。

根据上述资料，采用生产工人工资比例法分配各种产品应负担的制造费用。

6. 某工厂一车间全年制造费用的计划数为 259 000 元，全年各种产品的计划产量为：

甲产品19 000件,乙产品8 000件,丙产品6 000件。单位产品工时定额为:甲产品5 h,乙产品6 h,丙产品7 h。5月份实际产量为:甲产品1 600件,乙产品800件,丙产品450件,三月份实际发生制造费用22 600元。

要求:(1) 按年度计划分配率法分配制造费用,并编制相应的会计分录。

(2) 假如一车间全年实际发生制造费用271 215元,实际产量为:甲产品20 000件,乙产品9 000件,丙产品5 000件。试对"制造费用"科目的年末余额进行调整,并编制相应的会计分录。

7. 某工业企业生产甲产品160件,生产过程中发现其中16件为不可修复废品。该产品实际成本的有关记录如下:

项目	数量(件)	原材料(元)	生产工时(h)	工资及福利费(元)	制造费用(元)	成本合计(元)
合格品和废品生产费用	160	200 000	2 600	8 060	39 520	247 580
费用分配率	—		—			—
废品生产成本	16		192			
减:残料价值	—	240	—	—	—	240
废品损失	—		—			

要求:(1) 计算费用分配率、废品生产成本和废品损失,并将计算结果填入表内空白处。

(2) 编制相应的会计分录。

8. 某企业规定不可修复废品成本按定额成本计价。某月某产品的不可修复废品20件,每件直接材料定额为12元;20件废品定额工时共为180 h,每小时的费用定额为:直接人工8元,制造费用6元。该月该产品的可修复废品的修复费用为:直接材料400元,直接人工720元,制造费用540元。废品的残料作辅助材料入库,计价90元。应由责任人员赔偿的废品损失150元,废品净损失由当月同种产品成本负担。

要求:(1) 计算不可修复废品的生产成本。

(2) 计算全部废品的净损失。

(3) 编制可修复废品和不可修复废品损失的会计分录。

9. 某工业企业某车间停工若干天,停工期间发生的费用为:领用原材料1 600元,应付生产工人工资2 500元,按生产工人工资提取的福利费350元,应分配的制造费用3 450元。经查明,停工系责任造成,应由责任单位赔偿3 000元,其余由该车间两种产品按生产工时比例分配负担。其生产工时为:甲产品2 050 h,乙产品1 625 h。

要求:设置"停工损失"科目,编制有关停工损失归集和分配的会计分录。

第五章
生产费用在完工产品与在产品之间的分配

·本章概要·

基本生产成本及其所属的明细账户中所归集的生产费用，需要在完工产品与月末在产品之间进行分配，从而正确计算出产品成本。

本章共三节，第一节简要阐述完工产品成本与在产品成本概念及其相互关系；在此基础上，第二节介绍在产品数量的核算；最后，第三节重点讨论生产费用在完工产品与在产品之间分配的方法，包括不计算在产品成本法、按年初固定数计算在产品成本法、在产品成本按完工产品成本计算法、在产品成本按所耗原材料费用计算法、约当产量法、在产品按定额成本计价法和定额比例法等。

生产费用在完工产品与在产品之间的分配方法是本章学习的重点和难点。

·导入案例·

红星工厂生产甲产品，20 ** 年 9 月生产成本明细账中，月初在产品成本 13 310 元，其中直接材料 9 000 元，直接人工 1 310 元，制造费用 3 000 元。本月生产费用 59 590 元，其中直接材料 37 000 元，直接人工 8 090 元，制造费用 14 500 元。当月完工产品入库 80 件，月末在产品 20 件。

请讨论以下问题：

(1) 根据上述情况，你认为当月完工产品的总成本和单位成本各为多少？

(2) 计算完工产品成本，应考虑哪些因素？

(3) 计算完工产品成本和月末在产品成本，在管理上有什么意义？

第一节　完工产品成本与在产品成本

一、完工产品与在产品的概念

完工产品与在产品是一组相对的概念。所谓完工产品，是指在成本计算期末已经生产完工的产品。在产品是指在成本计算期末，尚未完工而还在被加工的产品。完工产品与在产品，其概念都有狭义和广义之分。

狭义的完工产品，是指在整个企业中，已经完成了全部生产过程，准备作为商品对外销售的最终产品。广义的完工产品，则是相对于企业中的各个具体生产车间或步骤而言的，指在期末已经完成了某一生产步骤的自制半成品。

狭义的在产品，与广义完工产品的概念相对应，是指在某一生产车间或生产步骤加工中的在制品。广义的在产品，是与狭义的完工产品相对应，指除了已完成企业全部生产过程、被作为商品销售的完工产品之外的，全部的狭义的在产品和自制半成品，包括正在车间加工中的在产品、已经完成一个或几个生产步骤，但还需要继续加工的半成品、尚未验收入库的产品、正在返修和等待返修的废品等。已经验收入库、准备对外销售的自制半成品，属于商品产品，不应列入在产品范围内。

二、完工产品成本与在产品成本的关系

生产费用经过一系列的分配、汇总后，应计入本月产品成本的各项费用已归集在“生产成本—基本生产成本”账户及其所属的明细账户中，并按成本项目予以反映。要计算本月完工产品成本，应将本月生产费用加上期初在产品成本，然后在本期生产的完工产品和在产品之间进行分配，以求得本月完工产品成本。其关系可用下列公式表示：

月初在产品成本＋本月生产费用＝本月完工产品成本＋月末在产品成本

由上式可知，如果月初、月末没有在产品，本月发生的费用就是本月完工产品成本。如果有月初、月末在产品，月初在产品成本加上本月生产费用就应在完工产品与在产品之间进行分配。分配方法一般有两类：一类是先确定月末在产品成本，然后再计算完工产品成本；另一类是将月初在产品成本加上本月生产费用，采用一定的标准进行分配，同时计算出完工产品成本和月末在产品成本。无论采取哪类方法，都必须取得在产品数量的核算资料。

第二节　在产品数量的核算

一、在产品收发结存的日常核算

在产品数量的核算的主要内容包括两方面：一是做好在产品收入、发出和结存的核算；二是做好在产品定期和不定期的清查盘点，落实数量，查明盈亏的原因和责任。

车间在产品收发结存的日常核算，通常是通过“在产品收发结存账”亦称“在产品台账”进行的，该账区分车间并按照产品品种和在产品的名称（零部件名称）设置，提供车间各种在产品收发结存动态的业务核算资料。它是根据领料凭证、在产品内部转移凭证、产

品检验凭证和产品交库凭证及时登记在产品收发结存，最后由车间核算人员审核汇总。其账簿格式如表 5－1 所示。

表 5－1　在产品收发结存账

车间名称：
零部件名称：

日期	摘要	收　　入		发　　出			结　　存	
		凭证号	数量	凭证号	合格品	废品	完工	未完工
4/1	结存						5	2
4/16		103	30					
4/20				105	60	2		
	合计		50		80	5	6	3

二、在产品清查的核算

为了核实在产品的数量，使账面数量与实物量相符，还必须对在产品进行定期或不定期的清查盘点，将清查盘点的数量如实地记录下来编制“在产品清查报告表”，根据报告表上的数据调整账面记录。

在产品发生盘盈时，根据盘盈数借记“基本生产成本”科目，贷记“待处理财产损溢”科目；按照规定核销时，则借记“待处理财产损溢”科目，贷记“管理费用”科目，冲减管理费用。

在产品发生盘亏和毁损时，借记“待处理财产损溢”，贷记“生产成本—基本生产成本”，冲减在产品的账面价值。毁损在产品的残值，记入“原材料”、“银行存款”等科目的借方，“待处理财产损溢”的贷方，冲减其损失。按规定核销时，应根据不同情况分别将损失从“待处理财产损溢”科目的贷方转入有关科目的借方：属于经营性损失时，应借记“管理费用”；属于过失人赔偿和非常损失造成的保险赔偿，应借记“银行存款”或“其他应收款”；属于非常损失部分，则应借记“营业外支出—非常损失”。

第三节　完工产品和在产品之间分配费用的方法

完工产品和月末在产品之间费用的分配，是成本计算工作中一个重要而复杂的问题。企业应根据自己的实际情况，选择既合理又较简便的分配方法。常用的分配方法有下列几种。

一、不计算在产品成本法

该方法的基本点是：生产成本明细账中归集的生产费用全部由完工产品负担，在产品不负担。对于在产品数量少而稳的企业,算不算在产品成本对于完工产品成本的影响很小,为了简化核算,可以考虑采用这种方法。

二、按年初固定数计算在产品成本法

该方法的基本点是:年内各月的在产品成本都按年初在产品成本计算,固定不变。这样,每月发生的生产费用仍然是该月完工产品的成本。年末,根据盘点数重新确定年末在产品成本,作为次年在产品计价的依据。对于在产品数量较多,但各月份之间变化不大的企业,因其月初在产品与月末在产品的差额较小,所以,为了简化产品成本计算工作,可考虑采用这种方法。

三、在产品成本按完工产品成本计算法

如果在产品已经接近完工,或者已经加工完毕的产品,但尚未验收或包装入库,也算在产品。为简化核算工作,这些在产品视同完工产品分配生产费用,即按照完工产品的产量和月末在产品的实际数量作为分配标准进行费用的分配。

四、在产品成本按所耗原材料费用计算法

在此方法下,月末在产品只计算耗用的原材料费用,不计算所耗用的工资及福利费等加工费用,产品的加工费用全部由完工产品负担。这种方法减少了人工成本和制造费用在完工产品与在产品之间的分配工作,主要适用于原材料费用在成本中所占比例较大的产品,如造纸、酿酒等行业的产品。

[例5-1] 某企业生产甲产品,该产品原材料费用在产品成本中所占比例较大,在产品只计算原材料费用。甲产品月初在产品原材料费用(即月初在产品费用)为4 562.5元;本月发生原材料费用26 500元,工资及福利费等加工费用共计1 375元;完工产品800件,月末在产品200件。该种产品的原材料是在生产开始时一次投入的,原材料费用按完工产品和在产品的数量比例分配。分配计算如下:

$$\text{原材料费用分配率}=\frac{4\,562.5+26\,500}{800+200}=31.062\,5$$

$$\text{月末在产品原材料费用(月末在产品成本)}=200\times31.062\,5=6\,212.50(\text{元})$$

$$\text{完工产品原材料费用}=800\times31.062\,5=24\,850(\text{元})$$

$$\text{完工产品成本}=24\,850+1\,375=26\,225(\text{元})$$

五、约当产量法

所谓约当产量,是指月末在产品数量按其加工程度和投料程度折合为相当于完工产

品的数量。按约当产量法计算完工产品成本和在产品成本，就是将本月所归集的应由产品负担的生产费用按完工产品数量和月末在产品的约当产量的比例进行分配。这种方法适用于各月月末在产品数量较大，而且变化也大，但产品成本中直接材料成本、直接人工成本和制造费用的比例相差不多的产品。按约当产量比例分配完工产品与月末在产品成本的计算公式如下：

$$\text{在产品约当产量} = \text{在产品数量} \times \text{完工程度（或投料程度）}$$

$$\text{费用分配率} = \frac{\text{期初在产品成本} + \text{本期生产费用}}{\text{完工产品产量} + \text{期末在产品约当产量}}$$

$$\text{完工产品成本} = \text{完工产品产量} \times \text{费用分配率}$$

$$\text{月末在产品成本} = \text{在产品约当产量} \times \text{费用分配率}$$

[例 5-2]　某企业生产甲产品，月初在产品成本中直接材料费用为 1 650 元，直接人工费用为 960 元，制造费用为 571 元；本月发生的直接材料费用为 4 695 元，直接人工费用为 2 584.8 元，制造费用为 1 581.2 元。本月完工产品共 105 件，月末在产品 36 件，原材料在生产开始时一次投入，在产品的完工程度为 60%。采用约当产量法在完工产品与在产品之间分配生产费用。分配计算如下：

(1) 直接材料费用的分配

$$\text{月末在产品约当产量} = 36 \times 100\% = 36\text{（件）}$$

$$\text{直接材料费用分配率} = \frac{1\,650 + 4\,695}{105 + 36} = 45\text{（元）}$$

$$\text{完工产品直接材料费用} = 105 \times 45 = 4\,725\text{（元）}$$

$$\text{在产品直接材料费用} = 36 \times 45 = 1\,620\text{（元）}$$

(2) 直接人工费用的分配

$$\text{月末在产品约当产量} = 36 \times 60\% = 21.6\text{（件）}$$

$$\text{直接人工费用分配率} = \frac{960 + 2\,584.8}{105 + 21.6} = 28\text{（元）}$$

$$\text{完工产品直接人工费用} = 105 \times 28 = 2\,940\text{（元）}$$

$$\text{在产品直接人工费用} = 21.6 \times 28 = 604.8\text{（元）}$$

(3) 制造费用的分配

$$\text{月末在产品约当产量} = 36 \times 60\% = 21.6\text{（件）}$$

$$\text{制造费用分配率} = \frac{571 + 1\,581.2}{105 + 21.6} = 17\text{（元）}$$

$$\text{完工产品制造费用} = 105 \times 17 = 1\,785\text{（元）}$$

$$\text{在产品制造费用} = 21.6 \times 17 = 367.2\text{（元）}$$

(4) 计算产品成本

$$完工产品成本 = 4\,725 + 2\,940 + 1\,785 = 9\,450(元)$$

$$月末在产品成本 = 1\,620 + 604.8 + 367.2 = 2\,592(元)$$

由于在产品在生产加工过程中，加工程度和投料情况的不同，必须分别计算成本项目中在产品的约当产量。要正确计算在产品的约当产量，首先必须确定投料程度和完工程度。

1. 投料程度的确定

直接材料费用项目约当产量的确定，取决于产品生产过程中的投料程度。在产品投料程度是指在产品已投材料占完工产品应投材料的百分比。在生产过程中，材料投入形式通常有三种，即在生产开始时一次投入、在生产过程中陆续投入、在生产过程中分阶段批量投入。由于投入形式不同，在产品投料程度也不同，分述如下。

(1) 当直接材料于生产开始一次投入时，投料比例为100%。这时不论在产品完工程度如何，其单位在产品耗用的原材料与单位完工产品耗用的原材料一样。因此，用以分配直接材料费用的在产品的约当产量即为在产品的实际数量。

(2) 当直接材料随生产过程陆续投入时，在产品投料程度的计算方法与完工程度的计算方法相同(参考加工程度的计算)。此时，分配直接材料费用的在产品约当产量按完工程度折算。

(3) 当直接材料分次在每道工序开始一次投入时，月末在产品投料程度可按下列公式计算：

$$某工序投料\% = \frac{到本工序为止的累计材料消耗定额}{完工产品材料消耗定额} \times 100\%$$

[例 5-3] 设某产品经三道工序加工而成，其原材料分三道工序在每道工序开始时一次投入，其有关数据及在产品投料程度和约当产量的计算如表5-2所示。

表 5-2 多工序分次投料约当产量计算表

工序	原材料消耗定额(kg)	月末在产品数量(件)	在产品投料程度	在产品约当产量(件)
1	500	200	$\frac{500}{1\,000} \times 100\% = 50\%$	$200 \times 50\% = 100$
2	300	250	$\frac{500+300}{1\,000} \times 100\% = 80\%$	$250 \times 80\% = 200$
3	200	300	$\frac{800+200}{1\,000} \times 100\% = 100\%$	$300 \times 100\% = 300$
合计	1 000	750	—	600

2. 完工程度的确定

对于直接材料以外的其他成本项目，通常按完工程度计算约当产量。当企业生产进度比较均衡，各道工序在产品数量相差不大时，全部在产品完工程度都可以按 50%平均计算，否则，各道工序在产品的完工程度应按工序分别测定。在产品完工程度的计算公式如下：

$$\text{某道工序上的在产品完工程度} = \frac{\text{前面各道工序的累计工时定额} + \text{本道工序工时定额} \times 50\%}{\text{完工产品工时定额}} \times 100\%$$

上式中“前面各道工序的累计工时定额”由于在产品已经完工，所以前面各道工序的工时定额都以 100%计入；对于式中“本道工序工时定额”，由于对本道工序的完工程度一般不逐一测定，而是以本道工序工时定额的 50%计入。

[例 5-4] 设某产品经过三道工序加工而成，其单件工时定额为 80 h，其中第一道工序的工时定额为 24 h，第二道工序的工时定额为 40 h，第三道工序的工时定额为 16 h。其完工程度计算如下：

$$\text{第一道工序在产品的完工程度} = \frac{24 \times 50\%}{80} \times 100\% = 15\%$$

$$\text{第二道工序在产品的完工程度} = \frac{24 + 40 \times 50\%}{80} \times 100\% = 55\%$$

$$\text{第三道工序在产品的完工程度} = \frac{64 + 16 \times 50\%}{80} \times 100\% = 90\%$$

如果该产品某月完工 600 件，三道工序的在产品数量分别为 200 件、100 件、100 件。月初在产品和本月发生的加工费用共计 17 825 元。按上述确定的在产品完工程度，对费用分配计算如下：

$$\text{第一道工序在产品的约当产量} = 200 \times 15\% = 30(\text{件})$$

$$\text{第二道工序在产品的约当产量} = 100 \times 55\% = 55(\text{件})$$

$$\text{第三道工序在产品的约当产量} = 100 \times 90\% = 90(\text{件})$$

$$\text{费用分配率} = \frac{17\,825}{600 + 30 + 55 + 90} = 23(\text{元/件})$$

$$\text{完工产品应负担的加工费用} = 600 \times 23 = 13\,800(\text{元})$$

$$\text{月末在产品应负担的加工费用} = (30 + 55 + 90) \times 23 = 4\,025(\text{元})$$

六、在产品按定额成本计价法

在定额比较准确、定额管理比较健全、各月在产品数量变化比较均衡的企业，月末在产品成本可根据实际结存的数量和单位定额成本计算，然后从本月生产费用总额中扣除，余额即为完工产品的总成本。其计算公式为：

$$\frac{\text{某产品月末在产品}}{\text{(定额)成本}} = \text{月末在产品数量} \times \text{在产品单位定额成本}$$

$$\text{某产品完工产品总成本} = \text{该产品本月生产费用合计} - \text{该产品月末在产品成本}$$

［例5-5］ 设某产品月末在产品盘存200件，材料属一次性投入，材料费用定额成本每件30元，在产品定额工时为7 000 h，每小时人工费用定额为0.3元，制造费用定额为0.2元。根据上述定额资料，月末在产品定额成本计算如下：

材料费用 = 200 × 30 = 6 000(元)

人工费用 = 7 000 × 0.3 = 2 100(元)

制造费用 = 7 000 × 0.2 = 1 400(元)

合　计　　9 500(元)

假定月初在产品定额成本为8 500元，本月投入生产费用为23 900元，则本月完工产品成本 = 8 500 + 23 900 − 9 500 = 22 900(元)。

七、定额比例法

这种方法是以定额资料为标准，将应由产品负担的费用按照完工产品与月末在产品定额消耗量或定额成本的比例进行划分。它适用于各项消耗定额比较合理、稳定，各月末在产品数量较大的产品。

定额比例法与在产品按定额成本计价法的区别在于，在产品按定额成本计价的实际成本与定额成本的差异全部由完工产品成本负担；而采用定额比例法分配费用，产品实际成本脱离定额的差异，则按完工产品和月末在产品的定额消耗量或定额成本的比例分摊。因此，按定额比例法划分完工产品与在产品的成本，可以减少由于月初、月末在产品数量变动对完工产品成本准确性的影响。

定额比例法计算公式如下：

$$\text{某成本项目费用分配率} = \frac{\text{月初在产品费用} + \text{本月生产费用}}{\text{月末在产品定额消耗量或定额成本} + \text{月末完工产品定额消耗量或定额成本}}$$

$$\text{完工产品某项目实际成本} = \text{该项目费用分配率} \times \text{完工产品该项目定额消耗量或定额成本}$$

$$\text{月末在产品某项目实际成本} = \text{该项目费用分配率} \times \text{月末在产品该项目定额消耗量或定额成本}$$

［例5-6］ 设某企业5月份A产品产量与成本资料如下：

(1) 产量和定额

本月完工产品为3 600件，单件产品材料消耗定额为2.5 kg，单件产品工时消耗定额为 2 h；月末在产品 800 件，单件产品材料消耗定额为 2.5 kg，单件产品工时消耗定额为 1.5 h。

(2) 成本费用

月初在产品实际成本为：直接材料 9 800 元，直接人工 5 500 元，制造费用 4 329 元。

本月实际发生生产费用为：直接材料 12 200 元，直接人工 7 100 元，制造费用 5 751 元。

根据上述资料，采用定额比例法计算本月完工产品与月末在产品成本如下：

$$\text{直接材料费用分配率}=\frac{9\,800+12\,200}{3\,600\times 2.5+800\times 2.5}=2.00$$

$$\text{完工产品应负担直接材料成本}=3\,600\times 2.5\times 2.00=18\,000$$

$$\text{月末在产品应负担直接材料成本}=800\times 2.5\times 2.00=4\,000$$

$$\text{直接人工费用分配率}=\frac{5\,500+7\,100}{3\,600\times 2+800\times 1.5}=1.50$$

$$\text{完工产品应负担直接人工成本}=3\,600\times 2\times 1.5=10\,800$$

$$\text{月末在产品应负担直接人工成本}=800\times 1.5\times 1.5=1\,800$$

$$\text{制造费用分配率}=\frac{4\,329+5\,751}{3\,600\times 2+800\times 1.5}=1.20$$

$$\text{完工产品应负担制造费用}=3\,600\times 2\times 1.2=8\,640$$

$$\text{月末在产品应负担制造费用}=800\times 1.5\times 1.2=1\,440$$

$$\text{月末在产品成本}=4\,000+1\,800+1\,440=7\,240$$

$$\text{完工产品成本}=18\,000+10\,800+8\,640=37\,440$$

生产费用在完工产品与在产品之间分配方法较多，企业可以根据产品的生产特点和管理要求而定。一旦采用某种方法，不应随意变动，以便不同时期的产品成本具有可比性。

本章小结

(1) 在产品有狭义和广义之分。狭义在产品是指某一车间或某一生产步骤正在加工阶段中的零、部件。而广义在产品是从整个企业范围来说，包括正在车间加工中的在产品、已经完成一个或几个生产步骤，但还需要继续加工的半成品、尚未验收入库的产品、正在返修和等待返修的废品等。

(2) 在产品数量的核算，其主要内容包括两方面：一是做好在产品收入、发出和结存的核算；二是做好在产品定期和不定期的清查盘点，落实数量，查明盈亏的原因和责任。

(3) 完工产品和在产品之间分配费用的方法有：不计算在产品成本法、按年初固定数计算在产品成本法、在产品成本按完工产品成本计算法、在产品成本按所耗原材料费用计算法、约当产量法、在产品按定额成本计价法和定额比例法。

(4) 约当产量是指月末在产品数量按其加工程度和投料程度折合为相当于完工产品的数量。按约当产量法计算完工产品成本和在产品成本，就是将本月所归集的应由产品负担的生产费用按完工产品数量和月末在产品的约当产量的比例进行分配。

本章术语

狭义在产品；广义在产品；完工产品；不计算在产品成本法；按年初固定数计算在产品成本法；在产品成本按完工产品成本计算法；在产品成本按所耗原材料费用计算法；约当产量法；在产品按定额成本计价法；定额比例法；加工程度；投料程度

复习思考题

1. 什么是在产品？如何理解狭义在产品和广义在产品？

2. 企业月末在产品数量如何确定？

3. 生产费用在完工产品和月末在产品之间的分配方法有哪几种？各自适用于什么条件？

4. 什么是约当产量法？在产品投料程度和加工程度是如何确定的？各项具体费用在完工产品和在产品之间是如何分配的？

5. 什么是定额比例法？采用定额比例法计算完工产品和在产品成本时，应注意哪些问题？

6. 在产品按定额比例法计价和按定额成本法计价有什么区别？

业务计算题

1. (不计算在产品成本法) 某企业生产甲产品，每月末在产品的数量很少，不计算在产品成本。6月份发生生产费用为：原材料83 000元，燃料和动力26 000元，工资及福利费18 000元，制造费用15 000元。本月完工产品4 000件，在产品1 000件。

要求：采用不计算在产品成本法，计算6月份完工产品成本和在产品成本。

2.（**按年初固定数计算在产品成本法**）　某企业生产乙产品，每月末在产品的数量较大，但各月末在产品的数量变化不大，在产品的成本按年初固定数计算。该企业8月份的生产费用为：原材料35 000元，燃料和动力10 000元，工资及福利费12 000元，制造费用25 000元。该月完工乙产品2 000件，月末在产品800件。该年年初的在产品成本为：原材料12 000元，燃料和动力3 000元，工资及福利费4 000元，制造费用10 000元。

要求：采用按年初固定数计算在产品成本法计算8月份完工产品成本和月末在产品成本。

3.（**在产品成本按所耗原材料费用计算法**）　某企业B产品的原材料是在生产开始时一次投入的，且产品成本中原材料费用所占的比例很大，月末在产品成本按所耗原材料费用计价。7月初的在产品费用为42 000元。8月份发生的生产费用为：原材料282 000元，燃料和动力98 400元，工资及福利费45 600元，制造费用55 080元。本月完工B产品6 000件，在产品1 200件。

要求：采用在产品成本按所耗原材料费用计算法计算7月份完工产品成本和月末在产品成本。

4.（**在产品成本按完工产品成本计算法**）　某企业生产丙产品，有关的资料如下表所示：

产品成本计算单

单位：元

项　目	原材料	燃料及动力	工资及福利费	制造费用	合　计
月初在产品成本	36 000	2 400	960	1 080	40 440
本月发生费用	103 200	4 800	6 000	3 600	117 600
合　计					
完工产品成本					
月末在产品成本					

本月份完工丙产品数量为720件，月末在产品数量为480件。

要求：采用在产品成本按完工产品成本计算法，计算完工产品成本和在产品成本，并将计算结果填入上表中。

5.（**投料程度**）　某企业生产甲产品需经过两道工序加工，各工序原材料消耗定额分别为125 kg和75 kg。

要求：分别以下列两种情况计算原材料投料程度。

(1) 如果每道工序的原材料是在生产开始时一次投入的。

(2) 如果每道工序的原材料是随着加工程度陆续投入的。

6.（完工率，约当产量） 甲产品要经过两道工序制成，甲产品工时定额为 100 h，其中：第一工序 52 h，第二工序 48 h，每道工序按本工序工时定额的 50%计算；在产品数量：第一工序 24 000 件，第二工序 3 000 件。

要求：计算各工序在产品的完工率和约当产量。

7.（约当产量法） 某企业生产乙产品，原材料不是在开始时一次投入的，而是随着生产进度陆续投入，但原材料在每道工序是一次投入的，有关资料如下表所示：

工　序	工序开始时每件在产品一次投入的原材料定额(kg)	工时定额(h)	在产品数量(件)
1	40	8	480
2	24	4	640
合　计	64	12	1 120

本月完工产品数量为 1 600 件，共发生原材料费用 215 900 元，燃料及动力费用 29 816.80元，工资及福利费 34 404 元，制造费用 18 348.80 元。

要求：根据上述资料，采用约当产量法计算完工产品成本和月末在产品成本，并将计算结果填入以下两表中。

工序	原材料			工时		
	消耗定额	完工率	约当产量	消耗定额	完工率	约当产量
1						
2						
合计						

产品成本明细账

单位：元

摘　要	原材料	燃料及动力	工资及福利费	制造费用	合　计
生产费用合计					
转出产成品成本					
产成品单位成本					
月末在产品成本					

8.（**约当产量法**） 某企业生产丁产品，需经过三道工序加工，其各道工序的工时定额依次如下：第一工序 36 h，第二工序 45 h，第三工序 9 h。该企业的月初在产品成本为：原材料 6 750 元，工资及福利费 3 105 元，制造费用 1 863 元。本月发生的生产费用为：原材料 56 385 元，工资及福利费 19 395 元，制造费用 13 137 元。本月丁产品完工 3 129 件，各道工序的在产品分别为：第一工序 300 件，第二工序 600 件，第三工序 180 件。丁产品的原材料是在生产开始时一次投入的。

要求：

(1) 计算各道工序在产品的完工率。

(2) 计算在产品的约当产量。

(3) 采用约当产量法分配完工产品成本和在产品成本。

9.（**约当产量法**） 某企业生产 A 产品，其原材料分三次投入：生产开始时投入 50%，产品加工到 40%时投入 20%，其余的 30%在产品加工到 70%时投入。该企业月初在产品成本为：原材料 68 250 元，工资及福利费 19 500 元，制造费用 13 000 元。本月发生的生产费用为：原材料 390 000 元，工资及福利费 156 000 元，制造费用 104 000 元。月末完工 A 产品 2 600 件，在产品 650 件，完工率为 50%。

要求：采用约当产量法计算 A 产品的完工产品成本和月末在产品成本。

10.（**在产品按定额成本计价法，定额比例法**） 某企业生产 B 产品，原材料是在生产开始时一次投入的。3 月初在产品费用为：原材料 84 000 元，工资及福利费 36 000 元，制造费用 12 000 元。3 月份发生的生产费用为：原材料 492 000 元，工资及福利费 180 000 元，制造费用 60 000 元。3 月份完工产品 8 000 件，月末在产品 2 000 件，完工程度为 80%。该企业产成品的定额如下：单件原材料耗用量 10 kg，计划成本为 8 元/kg；单件工时定额为 5 h，工资及福利费定额为 6. 40 元/h，制造费用定额为 2. 20 元。

要求：

(1) 采用在产品按定额成本计价法分配完工产品成本和在产品成本。

(2) 采用定额比例法分配完工产品成本和在产品成本。

11.（**定额比例法**） 某企业生产 C 产品。4 月初在产品费用为：原材料 60 000 元，燃料及动力费 18 000 元，工资及福利费 9 000 元，制造费用 19 500 元。4 月份发生的生产费用为：原材料 195 000 元，燃料及动力费 33 000 元，工资及福利费 13 500 元，制造费用 27 000 元。完工产品的定额原材料费用 225 000 元，定额燃料及动力费用 75 000 元，定额工时为 14 250 h；月末在产品的定额原材料费用 75 000 元，定额燃料及动力费用 10 200 元，定额工时为 4 500 h。在完工产品与月末在产品之间，原材料费用和燃料及动力费用按各该定额费用比例分配，其他各项费用按定额工时的比例分配。

要求：将计算的结果填入下表中。

产品成本计算单

单位：元

成本项目		原材料	燃料及动力	工资及福利费	制造费用	合计
月初在产品费用						
本月生产费用						
生产费用累计						
费用分配率						
完工产品成本	定额					
	实际					
月末在产品成本	定额					
	实际					

第六章
产品成本计算的基本方法

·本章概要·

企业具有不同的生产特点和管理要求,应据此选择不同的产品成本计算方法。

本章共四节,第一节阐述生产特点和管理要求对产品成本计算方法的影响,并概述几种基本的成本计算方法和辅助的成本计算方法;第二节至第四节分别介绍品种法、分批法和分步法等成本计算方法的基本理论和方法程序,是本章的重点,也是必须掌握的知识。

在各种基本的成本计算方法中,分步法是难点所在。

·导入案例·

某汽车生产企业是新成立的股份制企业,主要生产低排量的小汽车。汽车的所有零部件都是由自己生产,而且使每一种零部件都是在一个独立的生产车间生产。所产零部件大多是企业自己使用,也有部分对外出售。各零部件生产车间生产完成后都移交进入半成品库,最后由装配部门从半成品库领取组装成产品对外出售。

思考并讨论:根据该企业生产特点,可以采用哪一种或哪几种产品成本计算方法?请说明理由。

第一节　产品成本计算方法概述

一、生产特点和管理要求对产品成本计算的影响

产品成本是在生产过程中形成的,因此生产特点在很大程度上影响着成本计算方法的特点;另外,成本计算是为企业成本管理服务的,因此,成本管理的要求也影响着成本计算的具体方法。也就是说,只有根据企业生产的特点和成本管理的不同要求,选择不同的成本计算方法,才能正确地计算产品成本。

(一) 生产类型

工业企业的生产,按生产工艺过程和生产组织的不同,可以分为不同的类型。

1. 按生产工艺过程的特点分类

工业企业的生产，按生产工艺过程的特点，可以分为单步骤生产和多步骤生产。

单步骤生产也叫简单生产，是指生产技术上不间断、不分步骤的生产，如发电、熔铸、采掘工业等。

多步骤生产也叫复杂生产，是指技术上可以间断、由若干步骤组成的生产。如果这些步骤按顺序进行，不能并存，不能颠倒，要到最后一个步骤完成才能生产出产成品，这种生产就叫连续式复杂生产，如纺织、冶金、造纸等。如果这些步骤不存在时间上的继起性，可以同时进行，每个步骤生产出不同的零配件，然后再经过组装成为产成品，这种生产就叫装配式复杂生产，如机械、电器、船舶等。

2. 按生产组织的特点分类

工业企业的生产，按生产组织的特点，可分为大量生产、成批生产和单件生产。

大量生产是指连续不断重复地生产同一品种和规格产品的生产。一般这种生产的品种比较少，生产比较稳定，如纺织、采掘、冶金等。

成批生产是指按照预先确定的产品批别和数量进行的生产。这类生产的特点是品种或规格比较多，而且是成批轮番地组织生产，具有一定的重复性，如服装、机械等。成批生产按照产品批量的大小，又可以分为大批生产和小批生产。大批生产，由于批量较大，往往在几个月内不断地重复生产一种或几种产品，因而其性质近似于大量生产；小批生产，由于批量小，一批产品一般可以同时完工，其性质近似于单件生产。

单件生产是根据订单，进行个别的、特殊产品的生产，主要适用于一些大型而复杂的产品，如重型机械、造船、专用设备等。在进行这种生产的企业车间中，产品的品种多，而且很少重复。

（二）生产特点和管理要求对产品成本计算的影响

生产类型不同，对成本进行管理的要求也不一样。而生产特点和管理要求又必然对产品成本计算产生影响，这一影响主要表现在以下方面。

1. 对成本计算对象的影响

成本计算对象，就是生产费用归集和分配的承担客体。生产类型特点和管理要求对产品成本计算的影响主要体现在对成本计算对象的确定上。

受生产类型特点和管理要求的影响，在产品成本计算工作中有三种不同的成本计算对象，即产品品种、产品批别和产品生产步骤。

在分批生产和单件生产的企业里，生产的安排和对产品成本的分析是根据产品批别来进行的，因此产品成本计算对象为每批产品，成本计算单按产品的批别设置。在大量生产的企业里，产品和半成品的品种较固定，生产的安排和对产品成本的分析是根据产品和半成品的品种来进行的，当企业的工艺特点是简单生产时，成本计算对象就是每种产品；当企业的工艺特点虽是复杂生产，但企业在管理上并不需要计算及分析半成品成本或零部件成本时，成本计算对象也是每种产品，成本计算单按每种产品来设置；当企业的工艺特点为复杂生产，且企业在管理上需要计算及分析半成品成本或零部件成本时，成本计算对象应是各加工步骤的半成品、零部件及每种产品，成本计算单也要分别按各生产步骤来设置。

2. 对产品成本计算期的影响

在不同的生产类型中，产品成本计算期也不同，这主要决定于生产组织的特点。在单件和小批生产中，产品成本有可能在某件或某批产品完工以后计算，因而成本计算是不定期的，而与生产周期相一致。但在大量、大批生产中，由于生产活动连续不断地进行，因而产品成本要定期在每月月末进行，而与生产周期不一致。

3. 对完工产品与在产品之间费用分配的影响

企业的生产特点，还影响到月末在进行成本计算时有没有在产品，是否需要在完工产品与在产品之间分配费用的问题。在单步骤生产中，生产过程不能间断，生产周期也短，月末一般没有在产品，或者在产品数量很少，因而计算产品成本时，生产费用不必在完工产品和在产品之间进行分配，或者可以采用简化的分配方法。在多步骤生产中，是否需要在完工产品与在产品之间分配费用，在很大程度上取决于生产组织的特点。在大量大批生产中，由于经常存在期末在产品，因而需要采用适当的方法，将生产费用在完工产品与在产品之间进行分配。小批、单件生产中，在每批、每件产品完工前，产品成本明细账中所记录的生产费用就是在产品成本；完工后，则是完工产品成本，因而，一般不需要在完工产品与在产品之间分配费用。

二、产品成本计算的基本方法和辅助方法

（一）产品成本计算的基本方法

如上所述，在产品成本计算工作中有三种不同的成本计算对象，即产品品种、产品批别和产品生产步骤，以这三种成本计算对象为基本标志，也就产生了三种基本的成本计算方法，即品种法、分批法和分步法。

品种法是以产品的品种为成本计算对象，设立生产成本明细账，计算产品成本的方法。适用于单步骤的大量生产以及不需要分步骤计算成本的多步骤的大量、大批生产。

分批法是以产品批别作为成本计算对象，设立生产成本明细账，既区分产品品种，又区分产品批次计算产品成本的方法。分批法适用于单件、小批的单步骤生产或管理上不要求分步骤计算成本的多步骤生产。

分步法是以产品生产步骤作为成本计算对象，设立生产成本明细账，计算各步骤生产成本及最终产品成本的方法，适用于大量、大批的多步骤生产。

之所以把这三种方法称为成本计算的基本方法，是因为它们与不同生产类型的特点有着直接联系，而且涉及成本计算对象的确定，因而是计算产品成本必不可少的方法。不论哪种生产类型的工业企业，在计算产品成本时都会采用其中的一种或几种方法。

（二）产品成本计算的辅助方法

除了上述三种基本方法，在成本计算工作中，企业还会采用一些其他的成本计算方

法。例如，在产品品种、规格繁多的工业企业中，为了简化成本计算工作，会采用分类法；在定额管理工作基础好的工业企业中，为了加强定额管理和成本控制，还会采用定额法，以事先制定的定额成本为基础，对在生产过程中所发生的符合定额的成本费用和实际成本脱离定额成本的差异进行分别核算，在计算成本的过程中同时进行成本监控和管理。

分类法和定额法与生产类型的特点没有直接联系，不涉及成本计算对象，它们的应用或者是为了简化成本计算工作，或者是为了加强成本管理，只要条件具备，在哪种生产类型的企业中都能采用。从产品成本计算的角度来说，它们不是必不可少的，因此被称为产品成本计算的辅助方法。

第二节　品 种 法

一、品种法的特点和适用范围

品种法是按照产品品种计算产品成本的一种方法，即以产品品种为成本计算对象，归集各项生产费用，计算各种产品的总成本和单位成本。品种法适用于大量、大批的单步骤生产，如发电、供水、采掘等生产。在大量大批的多步骤生产下，如果企业或车间的规模较小，或者车间是封闭式的，及从投料到制成产品全过程都在一个车间进行，或生产上按流水线组织的，管理上不要求按照生产步骤计算产品成本，也可以采用品种法计算产品成本。如小型水泥厂，玻璃品的熔铸，辅助生产的供水、供电、蒸汽车间等。

在工业企业中，不论什么生产类型的企业，不论采用什么成本计算方法，最终都必须按照产品品种算出产品成本。因此，品种法是最基本的成本计算方法。

品种法的主要特点有以下几点。

（一）成本计算对象

品种法的成本计算对象是每种产品，因此在进行成本计算时，需要为每一种产品设置一本产品成本明细账，以归集生产过程中发生的费用。如果企业只生产一种产品，则只设置一本产品成本明细账，账内按成本项目设置专栏。这时，本月所发生的费用都是直接费用，应全部列入该种产品成本明细账的有关成本项目中，不存在将生产费用在各种产品之间进行分配的问题。如果企业生产多种产品，就需要按每种产品分别设置产品成本明细账，对于生产过程中所发生的费用，凡能分清应由哪种产品负担的，则应直接计入该种产品成本明细账的有关成本项目中；凡是几种产品共同耗用而又不能分清由哪种产品负担多少数额的费用，则应采用适当的方法，在各种产品之间进行分配，再记入到各种产品成本明细账的有关成本项目。

（二）成本计算期

在大量、大批的单步骤生产中，由于是不断地重复生产一种或几种产品，因此，就不能在产品完工时就计算它的成本，而只能定期地在月末计算。品种法的成本计算期与产品生产周期不一样。

(三) 费用在完工产品与在产品之间的分配

月末计算在产品成本时，如果没有在产品或在产品数量很少，成本数额也不多，就不需要计算在产品成本，产品成本明细账中按成本项目归集的生产费用就是该产品的完工产品总成本。

在一些规模较小，管理上不要求按照生产步骤计算产品成本的大量、大批的多步骤生产中，月末一般都有在产品，而且数量较多，这就需要将产品成本明细账中归集的生产费用，在完工产品和月末在产品之间，采用适当的方法进行分配，从而计算出完工产品和月末在产品成本。

二、品种法的成本计算程序

采用品种法计算产品成本时，其基本成本计算程序如下。

(1) 按产品品种设置产品成本明细账，在账内按成本项目(直接材料、直接工资、制造费用)设置专栏，对于有月初在产品成本的产品，还应在产品成本明细账中登记月初在产品的成本。

(2) 根据生产过程中发生的各项费用的原始凭证和有关资料，编制各种费用分配表，根据各种费用分配表登记所设置的“基本生产成本”、“辅助生产成本”、“制造费用”等明细账。

(3) 根据“待摊费用”明细账和“预提费用”明细账，编制“待摊费用和预提费用分配表”，并登记“制造费用”、“生产成本—辅助生产成本”明细账等。

(4) 将“生产成本—辅助生产成本”明细账上所归集的费用，按各种产品和各单位的耗用量，编制“辅助生产费用分配表”，分配辅助生产费用。

(5) 将“制造费用”明细账上所归集的费用，采用一定的方法，在各种产品之间进行分配，编制“制造费用分配表”，并登记到设置的“生产成本—基本生产成本”明细账和它所属的产品成本明细账中。

(6) 期末，将记入产品成本明细账的各种生产费用汇总，计算累计生产费用。如果企业没有在产品，不需计算在产品成本时，累计生产费用为完工产成品总成本；如果企业有在产品，则通过适当的方法，把累计生产费用在完工产品和在产品之间进行分配，计算完工产品和月末在产品成本。

(7) 根据各产品成本明细账中计算出来的本月完工产品成本，汇总编制“完工产品成本汇总计算表”。

三、品种法成本计算实例

[例 6－1]　某企业生产甲、乙两种产品，设有一个基本生产车间和供电、供汽两个辅助生产车间，该企业执行厂部一级核算体制，成本核算程序如下。

1. 设置产品成本明细账

企业按照产品的品种设置产品成本明细账，在账内按照成本项目设置专栏，按成本项目归集费用，并将月初在产品成本填入产品成本明细账中。

2. 编制费用分配表，登记总账和设置明细账

根据本月份各项要素费用的发生额，编制要素费用分配表，按照要素费用的分配原则，分别记入所设置的“基本生产成本明细账”、“产品成本明细账”中，并汇总记入有关的总账科目中。

企业编制的各种要素分配表如下。

(1) 材料费用分配表

根据按材料用途归类的领、退料凭证和有关的费用分配标准，编制“材料费用分配表”，如表 6－1 所示。

表 6－1　材料费用分配表(分配表 1)

单位：元

应借科目		原料及主要材料	辅助材料	燃料及动力费	合计
基本生产成本	甲产品	20 500	3 800	8 540	32 840
	乙产品	15 000	5 480	7 500	27 980
	小计	35 500	9 280	16 040	60 820
辅助生产成本	供电车间	1 600	870	6 000	8 470
	供汽车间	1 200	920	3 800	5 920
	小计	2 800	1 790	9 800	14 390
制造费用	基本生产车间	2 500	800	—	3 300
	小计	2 500	800	—	3 300
管理费用		—	600	900	1 500
合计		40 800	12 470	2 670 040	80 010

会计分录(1)

借：生产成本—基本生产成本—甲产品　32 840

—乙产品　27 980

—辅助生产成本—供电　8 470

—供汽　5 920

制造费用—基本生产车间　3 300

管理费用　1 500

贷：原材料　80 010

(2) 工资及提取职工福利费用分配表

根据各车间、部门的工资结算凭证和其他应付职工薪酬的计提办法，编制职工薪酬费用分配表，如表 6－2 所示。

表 6-2　职工薪酬费用分配表(分配表 2)

单位：元

应借科目		应付工资	其他职工薪酬	合计
基本生产成本	甲产品	49 600	6 944	56 544
	乙产品	28 200	3 948	32 148
	小计	77 800	10 892	88 692
辅助生产成本	供电车间	9 800	1 372	11 172
	供汽车间	6 400	896	7 296
	小计	16 200	2 268	18 468
制造费用	基本生产车间	7 500	1 050	8 550
管理费用		10 000	1 400	11 400
合计		111 500	15 610	127 110

会计分录(2)

借：生产成本—基本生产成本—甲产品　　56 544
　　　　　　　　　　　　　—乙产品　　32 148
　　　　　—辅助生产成本—供电　　11 172
　　　　　　　　　　　　　—供汽　　7 296
　　制造费用—基本生产车间　　8 550
　　管理费用　　11 400
　贷：应付职工薪酬—应付工资　　111 500
　　　　　　　　　—应付福利费等　　15 610

(3) 固定资产折旧计算表

根据各车间、部门的固定资产使用情况，编制“固定资产折旧计算表”，如表 6-3 所示。

表 6-3　固定资产折旧计算表(分配表 3)

单位：元

部门		上月折旧额	上月增加固定资产原价	上月减少固定资产原价	应增应减折旧额	本月折旧额
基本生产车间		24 000	40 000	30 000	200	24 200
辅助生产车间	供电车间	7 400		25 000	−250	7 150
	供汽车间	4 800	10 000	—	50	4 850
	小计	12 200	10 000	25 000	−200	12 000
管理费用		6 000	—	—	—	6 000
合计		42 200	50 000	55 000	—	42 200

会计分录(3)

借：制造费用—基本生产车间　　24 200

　　生产成本—辅助生产成本—供电　　7 150

　　　　　　　　　　　　　—供汽　　4 850

　　管理费用　　6 000

　贷：累计折旧　　42 200

(4) 其他费用分配表

根据各车间、部门本月所发生的其他费用，编制“其他费用分配表”，如表 6-4 所示。

表 6-4　其他费用分配表(分配表 4)

单位：元

部门		办公费	差旅费	劳动保护费	修理费	其他支出	合计
基本生产车间		1 200	4 500	3 800	5 000	2 800	17 300
辅助生产车间	供电车间	500	1 100	1 800	2 000	1 400	6 800
	供汽车间	800	1 500	2 300	1 800	1 300	7 700
	小计	1 300	2 600	4 100	3 800	2 700	14 500
管理费用		2 500	3 000	900	700	1 800	8 900
合计		5 000	10 100	8 800	9 500	7 300	40 700

会计分录(4)

借：制造费用—基本生产车间　　17 300

　　生产成本—辅助生产成本—供电　　6 800

　　　　　　　　　　　　　—供汽　　7 700

　　管理费用　　8 900

　贷：银行存款　　40 700

(5) 待摊费用、预提费用分配表(如表 6-5 所示)

表 6-5　待摊费用和预提费用分配表(分配表 5)

单位：元

项目		待摊费用				预提费用		
		保险费	低值易耗品摊销	租赁费	合计	修理费	租赁费	合计
基本生产车间		800	600	—	1 400	1 200	—	1 200
辅助生产车间	供电车间	300	420	—	720	400	—	400
	供汽车间	450	480	—	930	300	—	300
	小计	750	900	—	1 650	700	—	700
行政管理部门		200	100	300	600	—	1 000	1 000
合计		1 750	1 600	300	3 650	1 900	1 000	2 900

根据“待摊费用和预提费用分配表”中的待摊费用本月摊销费用数，做会计分录(5)。

借：制造费用—基本生产车间　　1 400

　　生产成本—辅助生产成本—供电　　720

　　　　　　　　　　　　—供汽　　930

　　管理费用　　600

　贷：待摊费用　　3 650

根据“待摊费用和预提费用分配表”中的预提费用数，做会计分录(6)。

借：制造费用　　1 200

　　生产成本—辅助生产成本—供电　　400

　　　　　　　　　　　　—供汽　　300

　　管理费用　　1 000

　贷：预提费用　　2 900

3. 归集和分配辅助生产费用

(1) 根据上列各种费用分配表，登记辅助生产成本明细账(如表6-6、表6-7所示)

表6-6 辅助生产成本明细账

车间名称：供电车间　　单位：元

月日	摘　要	材料费	燃料及动力费	工资及福利费	折旧费	其他	合计
略	分配表1	2 470	6 000				8 470
	分配表2			11 172			11 172
	分配表3				7 150		7 150
	分配表4					6 800	6 800
	分配表5					1 120	1 120
	月　计	2 470	6 000	11 172	7 150	7 920	34 712
	本月转出	2 470	6 000	11 172	7 150	7 920	34 712

表6-7 辅助生产成本明细账

车间名称：供汽车间　　单位：元

月日	摘　要	材料费	燃料及动力费	工资及福利费	折旧费	其他	合计
略	分配表1	2 120	3 800				5 920
	分配表2			7 296			7 296
	分配表3				4 850		4 850
	分配表4					7 700	7 700
	分配表5					1 230	1 230
	月　计	2 120	3 800	7 296	4 850	8 930	26 996
	本月转出	2 120	3 800	7 296	4 850	8 930	26 996

(2) 采用适当的方法分配辅助生产成本

本例中，该企业采用直接分配法分配辅助生产费用，本月供电车间供电 72 424 度，其中为供汽车间供电 3 000 度；供汽车间提供蒸汽 7 249 吨，其中为供电车间供汽 500 吨；如表 6－8 所示。

表 6－8　辅助生产费用分配表(分配表 6)

直接分配法

单位：元

车间	分配费用	分配数量	分配率	分配金额					
				基本生产成本		制造费用		管理费用	
				数量	金额	数量	金额	数量	金额
供电	34 712	69 424 度	0.5	54 000 度	27 000	12 000 度	6 000	3 424 度	1 712
供汽	26 996	6 749 吨	4	5 200 吨	20 800	1 549 吨	6 196	—	—
合计	61 708	—	—	—	47 800	—	12 196	—	1 712

分配给基本生产车间的辅助生产费用，还应在其所生产的各种产品之间采用适当的方法进行分配。据此编制的动力费用分配表如表 6－9 所示，该企业动力费用按工时比例进行分配。

表 6－9　动力费用分配表

产品名称	分配标准(实际工时)	分配率	分配金额(元)
甲产品	34 500		27 600
乙产品	25 250		20 200
合　计	59 750	0.8	47 800

根据“辅助生产费用分配表”和“动力费用分配表”，做会计分录(7)。

借：生产成本—基本生产成本—甲产品　27 600
　　　　　　　　　　　　—乙产品　20 200
　　制造费用—基本生产车间　12 196
　　管理费用　1 712
　贷：生产成本—辅助生产成本—供电　34 712
　　　　　　　　　　　　　—供汽　26 996

4. 归集和分配基本生产车间的制造费用

月末，将记录在“制造费用明细账”(如表 6－10 所示)中的制造费用予以归集，按照实际工时比例，在甲、乙两种产品中进行分配，编制的“制造费用分配表”如表 6－11 所示。

表 6-10　制造费用明细账

单位：元

摘　要	材料费	燃料及动力	工资计福利费	折旧费	办公费	差旅费	劳动保护费	修理费	其他	合计
分配表 1	3 300									3 300
分配表 2			8 550							8 550
分配表 3				24 200						24 200
分配表 4					1 200	4 500	3 800	5 000	2 800	17 300
分配表 5									2 600	2 600
分配表 6		12 196								12 196
本月转出	3 300	12 196	8 550	24 200	1 200	4 500	3 800	5 000	5 400	68 146
月末余额	—	—	—	—	—	—	—	—	—	—

表 6-11　制造费用分配表

分配对象	分配标准(实际工时)	分配率	分配金额(元)
甲产品	34 500		39 348
乙产品	25 250		28 798
合　计	59 750	1.140 5	68 146

根据“制造费用分配表”编制如下会计分录(8)。

借：生产成本—基本生产成本—甲产品　　39 348

　　　　　　　　　　　　　—乙产品　　28 798

　贷：制造费用—基本生产车间　　68 146

5. 根据上列各种费用分配表和其他有关资料，登记产品成本明细账，分别归集甲、乙产品成本，并采用适当的分配方法，分配计算甲、乙产品的完工产品成本和月末在产品成本。

(1) 根据上月产品成本明细账和本月各种费用分配表，登记产品成本明细账的上月末即本月初在产品成本和本月生产费用发生额。甲、乙两种产品成本明细账如表 6-12 和表 6-13 所示。

(2) 计算甲产品成本。产品耗用的原材料在开始生产时一次投入，在产品按约当产量法计算，在产品完工程度为 50%，本月完工 100 件，在产品 60 件，计算结果如表 6-12 所示。

表 6-12 产品成本明细账

甲产品：完工 100 件　　　　单位：元

日期	摘要		直接材料	燃料和动力	直接工资	制造费用	合计
略	月初在产品成本		2 900	2 860	1 956	952	8 668
	分配材料费用		24 300	8 540			32 840
	分配工资及福利费				56 544		56 544
	分配燃料及动力			27 600			27 600
	分配制造费用					39 348	39 348
	月计		24 300	36 140	56 544		156 332
	累计		27 200	39 000	58 500	40 300	165 000
	产品产量	完工产品	100	100	100	100	—
		在产品约当产量	60	30	30	30	—
		合计	160	130	130	130	—
	单位成本		170	300	450	310	1 230
	转出完工产品成本		17 000	30 000	45 000	31 000	123 000
	月末在产品成本		10 200	9 000	13 500	9 300	42 000

(3) 计算乙产品成本。乙产品本月完工 200 件，在产品 40 件。乙产品的在产品按定额成本计价法进行完工产品与在产品之间的费用分配，根据在产品的盘存资料与费用定额资料，编制月末在产品定额成本计算表，作为分配费用的依据，如表 6-13 所示。

表 6-13 月末在产品定额成本计算表

乙产品：在产品 40 件　　　　金额单位：元

在产品数量(件)	原材料费用		定额工时(h)	燃料及动力(4 元/小时)	工资及福利费(5 元/小时)	制造费用(4.5 元/小时)	定额成本合计
	费用定额	定额费用					
40	50	2 000	600	2 400	3 000	2 700	10 100

将月末在产品的定额成本记入产品成本明细账，并从生产费用累计数中减去月末在产品定额成本，即可计算出完工产品的实际总成本，如表 6-14 所示。

表 6-14 产品成本明细账

乙产品：完工 200 件　　　　单位：元

日期	摘要	直接材料	燃料和动力	直接工资	制造费用	合计
略	月初在产品成本	1 520	1 700	1 852	1 902	6 974
	分配材料费用	20 480	7 500			27 980

续表

日期	摘　要	直接材料	燃料和动力	直接工资	制造费用	合　计
	分配工资及福利费			32 148		32 148
	分配燃料及动力费用		20 200			20 200
	分配制造费用				28 798	28 798
	月　计	20 480	27 700	32 148	28 798	109 126
	累　计	22 000	29 400	34 000	30 700	116 100
	减月末在产品成本	2 000	2 400	3 000	2 700	10 100
	完工产品成本	20 000	27 000	31 000	28 000	106 000
	单位成本	100	135	155	140	530

6. 编制完工产品成本汇总表

将甲、乙两种产品成本明细账中完工产品成本数字予以汇总，编制"完工产品成本汇总表"，如表 6－15 所示，结转产成品成本。

表 6－15　完工产品成本汇总表

单位：元

产品名称	产量(件)	直接材料	燃料及动力	直接工资	制造费用	合计	单位成本(元/件)
甲产品	100	17 000	30 000	45 000	31 000	123 000	1 230
乙产品	200	20 000	27 000	31 000	28 000	106 000	530
合　计	—	37 000	57 000	76 000	59 000	229 000	—

根据"完工产品成本汇总表"结转完工产品成本，作如下会计分录(9)。

借：产成品—甲产品　　123 000

　　　　—乙产品　　106 000

　贷：生产成本—基本生产成本—甲产品　　123 000

　　　　　　　　　　　　　—乙产品　　106 000

第三节　分 批 法

一、分批法的特点和适用范围

分批法也称订单法，它是按照产品批别计算产品成本的一种方法，即以各批产品为成本计算对象，归集各项生产费用，计算各批产品的总成本和单位成本。分批法主要适用于单件、小批单步骤生产或管理上不要求分步骤计算成本的多步骤生产，例如单件小批生产的船舶、机械、精密仪器、专用设备、专业修理，以及时装、印刷工业等。在这种生产类型企业中,每件或每批产品的种类和规格往往不同,特别是在科学技术飞速发展的时代,产品更新换代加速,客观上要求分批计算成本。这种方法主要有以下几个特点。

(一) 成本计算对象

单件小批生产的企业,一般是根据各购货单位的订单来组织生产的,因此分批法的成本计算对象是各批或各订单产品的成本。

为了满足管理和核算的需要,实际工作中又不能完全按订单来计算产品成本。当购货单位的一张订单包括几种产品时,为了按每种产品考核和分析成本计划的完成情况,应按产品的品种划分批别组织生产;如果购货单位的一张订单仅包括一种产品,但数量较大,供货单位又要求分批交货时,可分数批组织生产;如果几家订货单位在同时定购同一种产品时,也可将这些相同产品合为一批来组织生产和计算成本。因此,产品批别是指企业生产计划部门签发的生产通知单中规定并编号的产品批别。会计部门应根据生产计划部门确定并下达的产品批别或工作令号,开设产品成本明细账。生产费用发生后,就按产品批别进行归集。直接计入费用直接计入;间接计入费用则要采用适当的分配方法,在各批产品之间进行分配,然后计入各产品成本明细账。

(二) 成本计算期

采用分批法计算产品成本的企业,其产品成本负担的起讫期与生产任务通知单的签发与结束期一致,所以成本计算是非定期的,其成本计算期与生产周期相同,而与会计报告期不一致。

(三) 费用在完工产品与在产品之间的分配

在单件、小批生产下,由于成本计算期与产品的生产周期一致,因而在月末计算产品成本时,一般不存在完工产品与在产品之间的分配费用的问题。

在单件生产中,产品完工前,产品成本明细账所记的生产费用,都是在产品成本;产品完工时,产品成本明细账所记的生产费用,就是完工产品的成本。因而在月末计算成本时,不存在完工产品与在产品之间的费用分配的问题。

如果是小批生产,由于产品批量较小,批内产品一般都能同时完工,或者在相距不长的时间内全部完工。月末计算成本时,或是全部完工,或是全部没有完工,因而一般也不存在完工产品与在产品之间的费用分配问题。但是如果批内有跨月陆续完工产品的情况,而且还需陆续交付购货单位,就应采用适当的方法计算完工产品和月末在产品成本。当批内产品跨月陆续完工的情况不多,月末完工数量占批量比例较少时,可以采用计划成本、定额成本或近期同种产品实际成本计算完工产品成本,从产品成本明细账中转出,剩余数额即为在产品成本。为了正确考核与分析该批产品成本计划的完成情况,待该批产品完工时,还应计算该批产品的实际总成本和单位成本,但对已完工并已转账的完工产品成本,不作账面调整。当批内产品跨月陆续完工的情况较多,月末完工产品数量占批量比例较大时,为了提高成本计算的正确性,则应采用适当的方法,在完工产品和月末在产品之间分配费用,计算完工产品成本和月末在产品成本。

二、分批法的成本计算程序

(一) 按产品批别设置产品成本明细账

会计部门根据产品的批别或订单开设产品成本明细账(即产品成本计算单),在单内按规定的成本项目设置专栏,汇集发生的各项生产费用。

(二) 归集与分配生产费用

发生各项生产费用时,根据有关的原始凭证等资料,编制各种费用分配表,进行费用的分配。将各批产品的直接费用,按批号或工作令号直接汇总记入各批产品成本明细账内。将发生的间接费用按照一定的标准在各批产品之间进行分配,计入有关各批产品成本明细账中。

(三) 完工产品成本的计算

月末,将各批产品成本明细账上归集的生产费用加计总数,求得完工产品总成本,完工产品总成本除以该批产品的产量即为单位成本。月末各批未完工产品成本明细账所归集的生产费用,即为月末在产品成本。

若一批产品数量较多,月份内批内产品有时可能有部分已完工,并要求分批交货,对于这些批内先行完工产品的成本,可采用计划成本、定额成本或近期同种产品实际成本计算完工产品成本,待该批产品完工时,再计算其余产品的成本及该批产品的实际总成本和单位成本。

三、分批法成本计算实例

[例 6-2] 某工业企业根据购买单位订货单小批生产甲、乙、丙三种产品,采用分批法计算产品成本。该企业 20** 年 8 月份有关资料如下:

1011#甲产品 7 月份投产 5 件,本月尚未完工。

1012#甲产品 6 月份投产 6 件,本月全部完工,已验收入库。

2005#乙产品 7 月份投产 10 件,本月完工 6 件,未完工 4 件。

3020#丙产品本月份投产 12 件,计划 9 月份完成,本月提前完成 3 件。

1. 1011#甲产品成本的计算

1011#甲产品本月尚未完工,因此不需计算完工产品成本,只将应分配的费用加计累计总额即可。编制的 1011#甲产品成本明细账如表 6-16 所示。

表 6-16　产品成本明细账

批号:1011　　产品名称:甲产品　　　　开工日期:7 月 5 日
委托单位:* * 公司　　　　　　　　　　完工日期:

单位:元

月	日	摘　　要	直接材料	直接人工	制造费用	合　计
7	31	月初在产品成本	12 000	8 800	7 400	28 200
8	31	本月生产费用	8 400	5 900	4 500	18 800
8	31	生产费用累计	20 400	14 700	11 900	47 000

2. 1012＃甲产品成本的计算

由于1012＃甲产品本月份全部完工，所以产品成本明细账上登记的累计生产费用，就是完工产品的总成本，用总成本除以产量，就是单位成本。编制的1012＃甲产品成本明细账如表6－17所示。

表6－17 产品成本明细账

批号：1012　　产品名称：甲产品　　开工日期：6月2日
委托单位：＊＊公司　　完工日期：8月28日
单位：元

月	日	摘　要	直接材料	直接人工	制造费用	合　计
7	31	月初在产品成本	37 500	28 500	17 400	83 400
8	31	本月生产费用	9 000	7 800	5 400	22 200
8	31	生产费用累计	46 500	36 300	22 800	105 600
8	31	完工产品成本	46 500	36 300	22 800	105 600
8	31	完工产品单位成本	7 750	6 050	3 800	17 600

3. 2005＃乙产品成本的计算

2005＃乙产品，本月完工产品数量占批量比例较大，应采用适当的方法，在完工产品和月末在产品之间分配费用，以计算完工产品成本和月末在产品成本。本例中原材料在生产开始时一次投入，其费用可以按照完工产品和在产品实际数量比例分配；其他费用采用约当产量比例法在完工产品和月末在产品之间进行，在产品完工程度为60％。编制的2005＃乙产品成本明细账如表6－18所示。

表6－18 产品成本明细账

批号：2005　　产品名称：乙产品　　开工日期：7月3日
委托单位：＊＊公司　　完工日期：
（本月完工6台）　单位：元

月	日	摘　要	直接材料	直接人工	制造费用	合　计
7	31	月初在产品成本	24 800	12 600	5 750	43 150
8	31	本月生产费用		14 700	4 750	19 450
8	31	生产费用累计	24 800	27 300	10 500	62 600
8	31	约当产量	10	8.4	8.4	—
8	31	单位成本	2 480	3 250	1 250	6 980
8	31	完工6台产品成本	14 880	19 500	7 500	41 880
8	31	月末在产品成本	9 920	7 800	3 000	20 720

4. 3020＃丙产品成本的计算

本月份投产12件，计划9月份完成，本月提前完成3件3020＃丙产品。本月末完工产品数量占批量比例较小，为简化核算，完工产品按定额成本转出，单位产品直接材料定额成本为4 000元，直接人工为3 000元，制造费用为1 500元。编制的3020＃丙产品成本明细账如表6－19所示。

表6－19　产品成本明细账

批号：3020　　产品名称：丙产品　　开工日期：8月1日

委托单位：＊＊公司　　完工日期：

（本月完工3台）　单位：元

月	日	摘　要	直接材料	直接人工	制造费用	合　计
8	31	本月生产费用	49 500	37 240	19 650	106 390
8	31	单位产品定额成本	4 000	3 000	1 500	8 500
8	31	完工产品成本	12 000	9 000	4 500	25 500
8	31	月末在产品成本	37 500	28 240	15 150	

四、简化的分批法

在小批、单件生产的企业或车间中，如果同一月份投产的产品批数较多，且月末未完工的批数也较多，在这种情况下，如果将当月发生的间接计入费用全部分配给各批产品，而不管各批产品是否完工，费用的核算工作将非常繁重。因此，在这类企业或车间中还存在着一种简化的分批法。

采用这种方法，仍应按照产品批别设立产品成本明细账，但在各批产品完工之前，账内只需按月登记直接计入费用和生产工时，每月发生的间接计入费用，不是按月在各批产品之间进行分配，而是先将其在基本生产成本二级账中，按成本项目累计起来，只有在有完工产品的那个月份，才对完工产品，按照其累计工时的比例，分配间接计入费用，计算完工产品成本；而全部产品的在产品应负担的间接计入费用，仍以总数反映在基本生产成本二级账中，不进行分配，不分批计算在产品成本。因此，这种方法可称为不分批计算在产品成本的分批法。

对各批完工产品分配间接计入费用，一般是按照完工产品累计生产工时的比例进行分配。其计算公式如下：

$$\text{全部产品累计间接计入费用分配率}=\frac{\text{全部产品累计间接计入费用}}{\text{全部产品累计工时}}$$

$$\text{某批完工产品应负担的间接计入费用}=\text{该批产品完工累计工时}\times\text{全部产品累计间接计入费用分配率}$$

［例6-3］ 某工业企业小批生产多种产品，由于产品批数多，为了简化成本计算工作，采用简化的分批法——不分批计算在产品成本的分批法计算成本。该企业8月份的产品批号有：

9035＃：甲产品8件，6月份投产，本月完工；

9036＃：甲产品6件，7月份投产，尚未完工；

9120＃：乙产品10件，7月投产，本月完工2件；

9308＃：丙产品5件，8月投产，尚未完工。

该企业设立的基本生产成本二级账如表6-20所示。

表6-20 基本生产成本二级账

（各批产品总成本）

单位：元

月	日	摘　　要	直接材料	生产工时(h)	工资及福利费	制造费用	合计
7	31	在产品	25 605	38 080	20 040	6 400	52 045
8	31	本月发生	10 980	57 320	27 660	22 220	60 860
8	31	累　计	36 585	95 400	47 700	28 620	112 905
8	31	全部产品累计间接计入费用分配率			0.5(47 700/95 400)	0.3(28 620/95 400)	
8	31	本月完工产品转出	11 900	24 400	12 200	7 320	31 420
8	31	在产品	24 685	71 000	35 500	21 300	81 485

在表6-20基本生产成本二级账中，7月31日在产品的生产工时和各项费用是上月末根据上月的生产工时和生产费用资料计算登记的；本月发生的直接材料费用和生产工时，应根据本月直接材料费用分配表、生产工时记录，与各批产品成本明细账平行登记；本月发生的各项间接计入费用，应根据各费用分配表汇总登记。

本月完工转出产品的直接材料费用和生产工时，应根据各批产品的产品成本明细账中完工产品的直接材料费用和生产工时汇总登记；各项间接记入费用，可以根据账中完工产品工时分别乘以各项费用的累计分配率计算登记，也可以根据各批产品成本明细账中完工产品的各该费用分别汇总登记。以账中累计行的各栏数字分别减去本月完工产品转出数，即为8月末在产品的直接材料费用、生产工时和各项间接计入费用。月末在产品的直接材料费用和生产工时，也可以根据各批产品的产品成本明细账中月末在产品的直接材料费用和生产工时分别汇总登记；各项间接计入费用，也可以根据其生产工时分别乘以各项费用的累计分配率计算登记。两者计算结果应该相符。

该企业设立的各批产品成本明细账如表6-21～表6-24所示。

表 6－21　产品成本明细账

批号：9035　　产品名称：甲产品　　开工日期：6 月
委托单位：＊＊公司　　完工日期：8 月
单位：元

月	日	摘　　要	直接材料	生产工时(h)	工资及福利费	制造费用	合计
6	30	本月发生	6 300	3 850			
7	31	本月发生	2 080	4 550			
8	31	本月发生	1 020	6 400			
8	31	累　计	9 400	14 800			
8	31	全部产品累计间接计入费用分配率			0.5	0.3	
8	31	本月完工产品转出	9 400	14 800	7 400	4 440	21 240
8	31	完工产品单位成本	1 175		925	555	2 655

表 6－22　产品成本明细账

批号：9036　　产品名称：甲产品　　开工日期：7 月
委托单位：＊＊公司　　完工日期：
单位：元

月	日	摘　　要	直接材料	生产工时(h)	工资及福利费	制造费用	合计
7	31	本月发生	4 725	2 880			
8	31	本月发生	1 560	3 420			

表 6－23　产品成本明细账

批号：9120　　产品名称：乙产品　　开工日期：7 月
委托单位：＊＊公司　　完工日期：
（本月完工 2 件）　单位：元

月	日	摘　　要	直接材料	生产工时(h)	工资及福利费	制造费用	合计
7	31	本月发生	12 500	26 800			
8	31	本月发生		15 000			
8	31	累　计	12 500	41 800			
8	31	全部产品累计间接计入费用分配率			0.5	0.3	
8	31	本月完工产品转出(2 件)	2 500	9 600	4 800	2 880	10 180
8	31	完工产品单位成本	1 250		2 400	1 440	5 090
8	31	在产品	10 000	32 200			

表 6-24 产品成本明细账

批号：9308　　　　产品名称：丙产品　　　　开工日期：8月
委托单位：＊＊公司　　　　完工日期：
单位：元

月	日	摘　要	直接材料	生产工时(h)	工资及福利费	制造费用	合计
8	31	本月发生	8 400	32 500			

在上列的各批产品成本明细账中，对于没有完工产品的月份，只登记直接材料费用和生产工时，例如9036、9308两批产品。对于有完工产品的月份，除了登记本月发生的直接材料费用和生产工时及其累计数外，还应根据基本生产成本二级账登记各项间接计入费用，例如9035批产品。第9120批产品，月末部分完工、部分在产，因而还应在完工产品与在产品之间分配费用。本例中，该种产品原材料在生产时一次投入，因而原材料费用按完工产品与在产品的数量比例分配，完工产品工时按定额工时计算（本例中定额工时为4 800 h）。

综上所述，简化的分批法与一般的分批法相比较，主要具有以下特点：

（1）每月发生的间接计入费用，不是按月在各批产品之间进行分配，而是先在基本生产成本二级账户中累计起来，在有完工产品的月份，才在各批完工产品之间进行分配，计算完工产品成本；对未完工的在产品则不分配间接计入费用。显然，采用这种分批法，可以简化费用的分配和登记工作，月末未完工产品的批数越多，核算工作就越简化。

（2）简化的分批法也称为累计间接计入费用分配法。因为，采用这种方法，各批产品之间分配间接计入费用的工作以及完工产品与月末在产品之间分配间接计入费用的工作，都是利用累计间接计入费用分配率，到产品完工时合并在一起进行的。

（3）简化的分批法主要适用于同一月份投产的产品批数很多，月末未完工批数较多，且各月间接计入费用水平相差不大的情况。

第四节　分步法

一、分步法的特点和适用范围

产品成本计算的分步法，是按照产品的生产步骤归集生产费用，计算产品成本的一种方法。它适用于大量大批的多步骤生产，如纺织、冶金、大量大批的机械制造企业。在这类企业，产品生产可分为若干个生产步骤进行，例如，钢铁企业可分为炼铁、炼钢、轧钢等步骤；纺织厂可分为纺纱、织布等步骤。为了加强成本管理，往往不仅要求按照产品品种计算成本，而且还要求按照产品的生产步骤归集生产费用，计算各步骤产品成本，以便为考核和分析各种产品及各生产步骤的成本计划的执行情况提供资料。这种方法有以下主要特点。

（一）成本计算对象

成本计算对象就是每种产品以及每种产品所经过的生产步骤。因此，在计算产品成本时，应按照产品的生产步骤设立产品成本明细账。如果只生产一种产品，成本计算对象就是该种产品及其所经过的各生产步骤，产品成本明细账应该按照产品的生产步骤开立。如果生产多种产品，成本计算对象就是各种产品及其所经过的各生产步骤，产品成本明细账应该按照每种产品的各个生产步骤开立。

在实际工作中，分步法下的生产步骤与生产车间有时相同，有时并不完全一致。为了成本计算的方便，有时一个车间就是一个步骤，有时将几个车间合并为一个生产步骤，有时一个车间又分为几个生产步骤。对于生产过程中发生的费用，凡是直接费用，直接计入各成本计算对象；间接费用则先行归集，再采用适当的方法，分配计入各成本计算对象中。

（二）成本计算期

由于分步法主要是用于大量大批生产的企业，经常有完工产品产出，不能于产品完工时就计算其成本。因而，其成本计算期应定期于月末进行，其产品成本计算期与产品生产周期不一致，而与会计核算期相同。

（三）费用在完工产品与在产品之间的分配

在大量大批多步骤生产企业中，由于生产过程较长，产品的生产往往是跨月陆续完工，经常有在产品。因此，月末计算成本时，应采用适当的方法，将汇集在产品成本明细账的生产费用在完工产品与在产品之间进行分配，以正确计算完工产品成本和在产品成本。

（四）各步骤之间成本的结转

由于产品生产是分步骤进行的，上一步骤的半成品是下一步骤的加工对象，因此，为了计算各种产品的产成品成本，还要按照产品品种，结转各步骤成本。也就是说，分步法的又一个重要特点是，在各步骤之间有一个成本结转问题。

在实际工作中，由于成本管理的要求不同，分步法在结转各步骤成本时，又存在着逐步结转分步法和平行结转分步法两种方法。

二、逐步结转分步法

逐步结转分步法是按照产品加工的顺序，逐步计算并结转半成品成本，直到最后加工步骤才能计算产成品成本的一种方法。逐步结转分步法主要适用于成本管理中需要提供各个生产步骤半成品成本资料的企业。例如：有的企业各生产步骤所生产的半成品，不仅为本企业所使用，有的还需要对外销售，为了计算销售半成品的成本，则需计算半成品的成本。有的企业的半成品虽不对外销售，但为了实行厂内经济核算，有效地控制各生产步骤内部的生产耗费和资金占用水平，也需要计算半成品的成本。有些企业的半成品为企业内几种产品所耗用，只有计算出每种半成品的成本，才能计算出每种产成品的成本。

逐步结转分步法的成本计算对象是每种产品及其所经过生产步骤本成品的成本。其成本计算程序是按照产品加工顺序先计算第一个加工步骤的半成品成本,然后结转给第二个加工步骤,这时,第二步骤把第一步骤转来的半成品成本加上本步骤耗用的材料和加工费用,即可求得第二个加工步骤的半成品成本,如此顺序逐步转移累计,直到最后一个加工步骤才能计算出产成品成本。逐步结转分步法就是为了分步计算半成品成本而采用的一种方法,也称计算半成品成本分步法。

采用逐步结转分步法计算产品成本的程序可用图 6-1 表示。

甲产品第一步骤成本明细账

单位:元

成本项目	月初	本月
直接材料	1 500	21 000
燃料及动力	800	6 000
直接工资	1 200	8 500
制造费用	700	4 500
完工半成品成本	38 200	
在产品成本	6 000	

甲产品第二步骤成本明细账

单位:元

成本项目	月初	本月
半成品	3 240	36 000
燃料及动力	1 400	6 800
直接工资	1 380	4 320
制造费用	980	2 500
完工半成品成本	48 500	
在产品成本	8 120	

半成品明细账

单位:元

日期	月初余额	本月收入	本月转出
8月	—	38 200	36 000
9月	2 200		

图 6-1 分步法核算程序图

在图 6-1 中,第一步骤完工半成品在验收入库时,应根据完工转出的半成品成本编制借记"自制半成品"科目,贷记"基本生产成本—第一步骤"科目的会计分录;第二步骤领用时,再编制相反的会计分录,即借记"基本生产成本—第二步骤"科目,贷记"自制半成品"。如果半成品完工后不通过半成品库收发,而直接转入下一步骤,半成品成本应在各步骤的产品成本明细账之间直接结转。

从图 6-1 的核算程序中可以看出,采用这种方法,各项生产费用在各步骤产品成本明细账中归集后,如果该步骤既有完工的半成品(最后步骤为产成品),又有正在加工的在产品,还应采用适当的方法将归集的生产费用在各步骤完工产品与在产品之间进行分配,然后通过半成品的逐步结转,在最后一步骤的产品成本明细账中,计算出完工产品成本。上述核算程序表明,每一个步骤都是一个品种法,逐步结转分步法实际上是品种法的多次连接应用。

逐步结转分步法按照结转的半成品成本在下一步骤产品成本明细账中的反映方式，还可以分为综合结转和分项结转两种方法。

(一) 综合结转法

综合结转法是指上一步骤的半成品成本转入下一生产步骤时，以专设的“半成品”或“直接材料”项目，综合记入下一生产步骤的产品成本明细账的方法。

综合结转，可以按照半成品的实际成本结转，也可以按照半成品的计划成本(定额成本)结转。

1. 半成品按实际成本综合结转

采用这种结转方法，各步骤所耗上一生产步骤的半成品费用，应根据所耗半成品的实际数量乘以半成品的实际单位成本计算。由于各月所产半成品的实际单位成本不同，因而所耗半成品实际单位成本的计算，可以根据企业的实际情况，选择使用加权平均法、先进先出法等方法确定。

[例 6-4] 假定甲产品生产分三个步骤，经过三个生产车间。每个车间完工的半成品交半成品库验收；下一个生产车间按所需数量从半成品库领用，所耗半成品费用按全月一次加权平均单位成本计算。各车间月末在产品按定额成本计算。要求采用综合结转法计算产品成本。成本计算程序如下。

第一，根据各种生产费用分配表、半成品交库单和第一车间在产品定额成本资料，登记第一车间甲产品成本明细账，如表 6-25 所示。

表 6-25　产品成本明细账

第一车间　甲半成品　　　　单位：元

月	日	摘　　要	产量	直接材料	直接人工	制造费用	成本合计
8	31	在产品成本(定额成本)		200 000	25 000	23 000	248 000
9	30	本月生产费用		500 000	48 000	36 000	584 000
	30	生产费用合计		700 000	73 000	59 000	832 000
	30	完工转出产成品	800	566 000	55 000	38 000	659 000
	30	在产品成本(定额成本)		134 000	18 000	21 000	173 000

根据第一车间的半成品交库单所列交库数量和甲产品明细账中完工转出的半成品成本，编制下列会计分录。

借：自制半成品—第一车间　　659 000

　贷：基本生产成本—第一车间　　659 000

第二，根据计价后的半成品交库单和第二车间领用半成品的领用单，登记自制半成品明细账，如表 6-26 所示。

表 6-26 第一车间自制半成品明细账

单位：元

月份	月初余额		本月增加		合计			本月减少	
	数量（件）	实际成本	数量（件）	实际成本	数量（件）	实际成本	单位成本（元/件）	数量（件）	实际成本
9	200	164 000	800	659 000	1 000	823 000	823	600	493 800
10	400	329 200							

$$加权平均单位成本=\frac{164\,000+659\,000}{200+800}=823(元/件)$$

$$本月减少=600\times 823=493\,800(元)$$

根据第二车间半成品领用单，编制下列会计分录。

借：基本生产成本—第二车间　　　　493 800

　贷：自制半成品—第一车间　　　　493 800

第三，根据各种生产费用分配表、半成品领用单、产成品交库单以及第二车间在产品定额成本资料，登记第二车间甲产品成本明细账，如表 6-27 所示。

表 6-27 产品成本明细账

第二车间　甲半成品　　　　单位：元

月	日	摘　要	产量（件）	半成品	直接工资	制造费用	成本合计
8	31	在产品成本（定额成本）		170 000	15 300	12 400	197 700
9	30	本月生产费用		493 800	52 000	27 800	573 600
	30	生产费用合计		663 800	67 300	40 200	771 300
	30	完工转出半成品	500	443 800	49 000	25 700	518 500
	30	在产品成本（定额成本）		220 000	18 300	14 500	252 800

根据第二车间的半成品交库单所列交库数量和甲产品明细账中完工转出的半成品成本，编制下列会计分录。

借：自制半成品—第二车间　　　　518 500

　贷：基本生产成本—第二车间　　　　518 500

第四，根据计价后的半成品交库单和第三车间领用半成品的领用单，登记自制半成品明细账，如表 6-28 所示。

表 6-28 第二车间自制半成品明细账

单位：元

月份	月初余额		本月增加		合计			本月减少	
	数量（件）	实际成本	数量（件）	实际成本	数量（件）	实际成本	单位成本（元/件）	数量（件）	实际成本
9	100	102 500	500	518 500	600	621 000	1 035	450	465 750
10	150	155 250							

$$加权平均单位成本=\frac{102\,500+518\,500}{100+500}=1\,035(元/件)$$

$$本月减少=450\times 1\,035=465\,750(元)$$

根据第三车间半成品领用单，编制下列会计分录。

借：基本生产成本—第三车间　　　　465 750

　贷：自制半成品—第三车间　　　　465 750

第五，根据各种生产费用分配表、半成品领用单、产成品交库单以及第三车间在产品定额成本资料，登记第三车间甲产品成本明细账，如表 6-29 所示。

表 6-29　产品成本明细账

第三车间　甲产成品　　　　单位：元

月	日	摘　要	产量(件)	半成品	直接工资	制造费用	成本合计
8	31	在产品成本(定额成本)		121 000	5 800	2 400	129 200
9	30	本月生产费用		465 750	28 000	19 000	512 750
	30	生产费用合计		586 750	33 800	21 400	641 950
	30	完工转出产成品	400	486 750	29 200	19 500	535 450
	30	完工产品单位成本		1 216.875	73	48.75	1 338.625
	30	在产品成本(定额成本)		100 000	4 600	1 900	106 500

根据第三车间的产成品交库单所列产成品交库数量和第三车间产成品明细账中完工转出产成品成本，编制下列会计分录。

借：库存商品—甲产品　　　　535 450

　贷：基本生产成本—第三车间　　　　535 450

2. 半成品按计划成本综合结转

在半成品按实际成本综合结转法下，只有在上一步骤成本计算完成后，才能进行下一步骤的成本计算。这对于实行多步骤生产的企业来说，势必会影响成本计算的及时性。为了解决这一问题，可以采用按计划成本综合结转半成品的方式。

采用这种方法，半成品日常收发的明细核算均按计划成本计价；在半成品实际成本计算出来后，再计算半成品成本差异额和差异率，调整领用半成品的计划成本。而半成品收发的总分类核算则按实际成本计价。

半成品按计划成本综合结转所用账表的特点：

(1)“自制半成品”明细账应设置半成品实际成本、计划成本、差异额和差异率等专栏，以便将发出半成品的计划成本调整为实际成本。

(2) 产品成本明细账中可按转入半成品差异额后的实际成本登记，也可按半成品的计划成本、差异额和实际成本设置专栏，如采用后一种方法，其格式如表 6-30 所示。

表 6-30　产品成本明细账

第二车间　甲半成品　　　　　　　　　　　　　　　　　　　　单位：元

摘要	产量(件)	半　成　品			直接人工	制造费用	成本合计
		计划成本	成本差异	实际成本			

按计划成本综合结转时有关数字的计算公式如下：

$$\text{某步骤耗用半成品计划成本}=\text{半成品计划单位成本}\times\text{耗用数量}$$

$$\text{半成品成本差异率}=\frac{\text{月初结存半成品成本差异额}+\text{本月收入半成品成本差异额}}{\text{月初结存半成品计划成本}+\text{本月收入半成品计划成本}}$$

$$\text{发出半成品成本差异}=\text{发出半成品计划成本}\times\text{半成品成本差异率}$$

$$\text{发出半成品实际成本}=\text{发出半成品计划成本}\pm\text{发出半成品成本差异}$$

以上例企业资料列示，在采用半成品按计划成本综合结转方法中，自制半成品明细账的格式如表 6-31 和表 6-32 所示。

表 6-31　自制半成品明细账

第一车间　甲半成品　　　　　　　　　　　　　　　　计划单位成本：825 元/件

单位：元

月　份		行　序	9	10
月初余额	数量(件)	①	200	400
	计划成本	②	165 000	330 000
	实际成本	③	164 000	329 200
本月增加	数量(件)	④	800	
	计划成本	⑤	660 000	
	实际成本	⑥	659 000	
合计	数量(件)	⑦：①＋④	1 000	
	计划成本	⑧：②＋⑤	825 000	
	实际成本	⑨：③＋⑥	823 000	
	成本差异	⑩：⑨－⑧	−2 000	
	成本差异率	⑪：⑩/⑧×100%	−0.242 42%	
本月减少	数量(件)	⑫	600	
	计划成本	⑬	495 000	
	实际成本	⑭：⑬＋⑬×⑪	493 800	

表 6－32　自制半成品明细账

第二车间　甲半成品　　　　计划单位成本：1 025 元/件

单位：元

月份		行序	9	10
月初余额	数量(件)	①	100	150
	计划成本	②	102 500	153 750
	实际成本	③	102 500	155 250
本月增加	数量(件)	④	500	
	计划成本	⑤	512 500	
	实际成本	⑥	518 500	
合计	数量(件)	⑦：①＋④	600	
	计划成本	⑧：②＋⑤	615 000	
	实际成本	⑨：③＋⑥	621 000	
	成本差异	⑩：⑨－⑧	6 000	
	成本差异率	⑪：⑩/⑧×100%	0.975 6%	
本月减少	数量(件)	12	450	
	计划成本	13	461 250	
	实际成本	⑭：⑬＋⑬×⑪	465 750	

与按实际成本综合结转半成品成本方法相比较，按计划成本综合结转半成品成本具有以下优点。

(1) 可以简化和加速成本计算工作。按计划成本结转半成品成本，各步骤的成本计算可以同时进行，不必等待前一步骤的成本计算结束后再进行，加快了成本计算的速度。

(2) 便于各步骤进行成本的考核和分析。按计划成本结转半成品成本，在各步骤的产品成本明细账中，可以分别反映所耗半成品的计划成本、成本差异和实际成本，因而在分析各步骤产品成本时，可以避免上一步骤成本的节约或超支的影响，有利于考核与分析各步骤半成品成本与产成品成本升降的原因，分清经济责任，考核各步骤的经济效益。

3. 综合结转的成本还原

采用综合结转分步法在最后步骤计算出来的完工产品成本中，燃料及动力、直接人工和制造费用等费用只是最后步骤发生的数额。最后步骤以前各步骤发生的这些费用都是以“半成品”综合项目反映的，半成品项目既包括直接材料费用，也包括其他费用，这样就不能按照原始成本项目反映产品成本的构成。而且，成本计算的步骤越多，最后一个步骤成本明细账中“半成品”成本项目的成本在产品成本中的比例越大，提供的完工产品各成本项目就越不符合产品成本构成的实际情况。因此，如果在管理上要求从整个企业角度考核与分析产品成本的构成与水平时,还应将综合结转算出的产成品成本进行还原。

所谓成本还原,就是从最后一个步骤起,把所耗上一步骤半成品的综合成本还原成直接材料、直接人工、制造费用等原始成本项目,从而求得按原始成本项目反映的产成品成本资料。

成本还原的方法有如下两种。

(1) 按半成品各成本项目占全部成本的比例还原

它是根据本月产成品耗用上步骤半成品的成本乘以还原分配率计算半成品成本还原的方法。以下是其成本还原的计算程序。

首先,计算成本还原分配率。这里的成本还原分配率是指各步骤完工产品成本构成,即各成本项目占全部成本的比例,其计算公式如下:

$$\text{还原分配率}=\frac{\text{上一步骤完工半成品各成本项目的金额}}{\text{上步骤完工半成品成本合计}}\times 100\%$$

其次,将半成品的综合成本进行分解。分解的方法使用产成品成本中半成品的综合成本乘以上一步骤生产的该种半成品的各成本项目的比例。其计算公式如下:

半成品成本还原 = 本月产成品耗用上步骤半成品的成本 × 还原分配率

再次,计算还原后成本。还原后成本是根据还原前成本加上半成品成本还原计算的,其计算公式如下:

还原后产品成本 = 还原前产品成本 + 半成品成本还原

最后,如果成本计算有两个以上的步骤,第一次成本还原后,还有未还原的半成品成本。这时,还应将未还原的半成品成本进行还原,直至还原到第一步骤为止,才能将半成品成本还原为原始的成本项目。

现以例 6-4 成本计算结果的资料为基础,进行成本还原的计算,并将计算结果填入表 6-33。

表 6-33 产品成本还原计算表

单位:元

	成本项目	还原前产品成本	本月生产半成品成本	还原分配率	半成品成本还原	还原后总成本	还原后单位成本
	①	②	③	④:③栏各项目/③栏合计	⑤:④×②栏半成品项目	⑥:②+⑤	⑦:⑥/完工产品产量
按第二步骤半成品成本结构进行还原	直接材料				416 658	416 658	1 041.65
	半成品	486 750	443 800	85.60%			
	直接工资	29 200	49 000	9.45%	45 997.88	75 197.875	188
	制造费用	19 500	25 700	4.95%	24 094.12	43 594.125	108.98
	合计	535 450	518 500	100%	486 750	535 450	1 338.63

续　表

	成本项目	还原前产品成本	本月生产半成品成本	还原分配率	半成品成本还原	还原后总成本	还原后单位成本
按第一步骤半成品成本结构进行还原	直接材料		566 000	85.89%	357 867.55	357 867.55	894.67
	半成品	416 658					
	直接工资	75 197.88	55 000	8.34%	34 749.28	109 947.16	274.87
	制造费用	43 594.12	38 000	5.77%	24 041.17	67 635.29	169.09
	合　计	535 450	659 000	100%	416 658	535 450	1 338.63

(2) 按各步骤耗用半成品的成本占上一步骤完工半成品成本的比例还原

这种方法是将本月产成品耗用上一步骤半成品的综合成本，按本月所生产这种半成品成本结构进行还原。采用这种方法进行成本还原的计算程序如下：

① 计算成本还原分配率，它是指产成品成本中半成品成本占上一步骤所产该种半成品的比例，其计算公式如下：

$$\text{成本还原分配率}=\frac{\text{本月产成品耗用上步骤半成品成本合计}}{\text{本月生产该种半成品成本合计}}$$

② 计算半成品成本还原，它是用成本还原分配率乘以本月生产该种半成品成本项目的金额，其计算公式如下：

半成品成本还原 = 成本还原分配率 × 本月生产该种半成品成本项目金额

③ 计算还原后的产品成本，它是用还原前产品成本加上半成品成本还原计算的，其计算公式如下：

还原后产品成本 = 还原前产品成本 + 半成品成本还原

④ 如果成本计算需经两个以上的步骤，则需重复①～③步骤进行再次的还原，直至还原到第一步骤为止。

现仍以例 6 - 4 成本计算结果的资料为基础，进行成本还原的计算，并将计算结果填入表 6 - 34。

表 6 - 34　产品成本还原计算表

单位：元

	成本项目	还原前产品成本	本月生产半成品成本	还原分配率	半成品成本还原	还原后总成本	还原后单位成本
		①	②	③	④：③×②	⑤：①+④	⑥：⑤/完工产品产量

续 表

	成本项目	还原前产品成本	本月生产半成品成本	还原分配率	半成品成本还原	还原后总成本	还原后单位成本
按第二步骤半成品成本结构进行还原	直接材料						1 041.56
	半成品	486 750	443 800	486 750/	416 624.21	416 624.21	
	直接工资	29 200	49 000	518 500=	45 999.51	75 199.51	188
	制造费用	19 500	25 700	0.938 765 7	24 126.28	43 626.28	109.07
	合　计	535 450	518 500		486 750	535 450	1 338.63
按第一步骤半成品成本结构进行还原	直接材料		566 000	416 624.21/	357 828.99	357 828.99	894.57
	半成品	416 624.21		659 000=			
	直接工资	75 199.51	55 000	0.632 206 6	34 771.37	109 970.88	274.93
	制造费用	43 626.28	38 000		24 023.85	67 650.13	169.13
	合　计	535 450	659 000		416 624.21	535 450	1 338.63

综上所述，采用综合结转法逐步结转半成品成本，从各步骤的产品成本明细账中可以看出各步骤产品所耗上一步骤半成品费用的水平和本步骤加工费用的水平，从而有利于各生产步骤的管理。但如果管理上要求提供原始成本项目反映的产成品成本资料，成本还原工作繁重。因此，这种方法适宜在管理上要求计算各步骤完工产品所耗半成品费用，而不要求进行成本还原的情况下使用。

(二) 分项结转法

分项结转分步法的特点是将各步骤所耗用的上一步骤半成品成本，按照成本项目分别转入各该步骤产品成本明细账的各个成本项目中。如果半成品通过半成品库收发，在自制半成品明细账中登记半成品成本时，也要按照成本项目分别登记。采用分项结转分步法计算出来的产品成本，能提供按原始成本项目反映的产品成本结构，不需要进行成本还原。

分项结转，可以按照半成品的实际成本结转，也可以按照半成品的计划成本结转，然后按成本项目分项调整成本差异。由于后一种做法计算工作量较大，因而一般多采用按实际成本分项结转的方法。以下举例说明分项结转分步法的计算。

[例 6－5]　某厂生产乙产品，经两个车间连续加工。第一车间生产乙半成品直接转入第二车间继续加工。成本计算采用分项逐步结转分步法。有关资料如下。

第一车间本月份完工乙产品 200 台，月末在产品 100 台，原材料在开始生产时一次投入，完工程度 50%。完工产品和月末在产品之间的费用按约当产量比例法分配。

第二车间在产品按定额成本计算。本月完工入库乙产品 250 台。各车间月初在产品成本、本月发生生产费用以及第二车间月末在产品定额成本资料如下：

单位：元

项　　目	月初在产品成本		本月发生生产费用		月末在产品定额成本
	第一车间	第二车间	第一车间	第二车间	第二车间
直接材料	2 450	3 220	8 428		1 840
直接人工	1 350	1 840	6 770	2 360	2 010
制造费用	1 600	2 040	7 000	2 640	2 350
合　　计	5 400	7 100	22 198	5 000	6 200

根据上述资料，可编制“第一车间产品成本明细账”，如表 6－35 所示。

表 6－35　第一车间产品成本明细账

产品名称：乙半成品　　　　完工产量：200 台　　　　在产品：100 台

单位：元

摘　　要	直接材料	直接人工	制造费用	合　计
月初在产品成本	2 450	1 350	1 600	5 400
本月生产费用	8 428	6 770	7 000	22 198
费用合计	10 878	8 120	8 600	27 598
分配率	36.26	32.48	34.40	
完工半成品成本	7 252	6 496	6 880	20 628
月末在产品成本	3 626	1 624	1 720	6 970

上表中，有关分配率的计算如下：

第一车间原材料约当产量 $= 200 + 100 = 300$（台）

第一车间直接工资、制造费用约当产量 $= 200 + 100 \times 50\% = 250$（台）

直接材料分配率 $= 10\,878/300 = 36.26$

直接工资分配率 $= 8\,120/250 = 32.48$

制造费用分配率 $= 8\,600/250 = 34.40$

根据第一车间转出完工半成品成本，分成本项目转入第二车间成本明细账中，即可编制“第二车间产品成本明细账”，如表 6－36 所示。

表 6－36　第二车间产品成本明细账

产品名称：乙产品　　　　完工数量：250 台

单位：元

摘　　要	直接材料	直接人工	制造费用	合　计
月初在产品成本	3 220	1 840	2 040	7 100
本月生产费用		2 360	2 640	5 000

续 表

摘　要	直接材料	直接人工	制造费用	合　计
上车间转入费用	7 252	6 496	6 880	20 628
费用合计	10 472	10 696	11 560	32 728
完工产品成本	8 632	8 686	9 210	26 528
月末在产品成本	1 840	2 010	2 350	6 200

可以看出，采用分项结转法逐步结转半成品成本，可以直接、正确地提供按原始成本项目反映的产成品成本资料，不需要进行成本还原。但是这种方法的成本结转工作比较复杂，特别是半成品经过半成品库收发的情况下，更是如此。而且，在各步骤完工产品成本中看不出所耗上一步骤半成品的费用和本步骤加工费用的水平，不便于进行完工产品成本分析和成本考核。因此，这种结转方法一般适用于管理上不要求分别提供各步骤完工产品所耗半成品费用和本步骤加工费用资料，但要求按原始成本项目反映产品成本的企业。

（三）逐步结转分步法的优缺点

综合以上所述，逐步结转分步法的优缺点可以概括如下。

第一，逐步结转分步法的成本计算对象是企业产成品及其各步骤的半成品，这就为分析和考核企业产品成本计划和各生产步骤半成品成本计划的执行情况，为正确计算半成品销售成本提供了资料。

第二，采用逐步结转分步法计算产品成本，半成品成本都是随着半成品实物的流转而结转，因而各成本明细账上月末在产品成本，就是各步骤该产品实际占用的生产资金，将各步骤占用的生产资金进行汇总，就可以计算出企业实际占用的生产资金数额，便于考核生产资金的占用情况，有利于加强对生产资金的管理。

第三，采用综合结转法结转半成品成本时，由于各生产步骤产品成本中包括所耗上一步骤半成品成本，可以为各步骤消耗半成品、同行业进行半成品成本的对比、企业内部进行分析和考核等提供了半成品成本资料。采用分项结转法结转半成品成本时，可以直接提供按原始成本项目反映的产品成本，满足企业分析和考核产品构成和水平的需要，而不必进行成本还原。

第四，这一方法的核算工作比较复杂，核算工作的及时性也较差。如果采用综合结转法，需要进行成本还原；虽为避免成本还原可采用分项结转法，但结转的核算工作量较大。半成品按实际成本计价结转是虽比较准确，但影响了成本计算的及时性，不利于考核与分析各步骤成本升降的原因；按计划成本计价结转时，要计算和调整半成品成本差异。因此，采用逐步结转分步法时，企业应根据本单位的特点，选择采用具体的成本结转模式。

三、平行结转分步法

(一) 平行结转分步法的特点

平行结转分步法也称不计算半成品成本法，它是不计算各步骤半成品成本，而只归集各步骤本身所发生的费用及各步骤应计入产成品成本的份额，将各步骤应计入产成品成本的份额平行加以汇总，从而计算出完工产品成本的一种方法。在采用分步法的大量、大批多步骤生产中，有的产品生产过程，首先是对各种原材料平行地进行连续的加工，成为各种半成品——零件和部件，然后再装配成各种产成品。例如：机械制造企业的车间一般按生产工艺过程设置，设有铸工、锻工、加工、装配等车间。铸工车间利用生铁、钢、铜等各种原料熔铸各种铸件，锻工车间利用各种外购钢材锻造各种锻件。铸件和锻件都是用来进一步加工的毛坯。加工车间对各种铸件、锻件、外购半成品和外购材料进行加工，制造各种产品的零件和部件；然后转入各种装配车间进行装配，生产各种机械产品。由于在这类生产企业中，生产步骤所产半成品种类较多，但半成品外售的情况却较少，在管理上不要求计算半成品成本，而只需计算最终产成品的成本，这时，为了简化分步成本的计算，则可以采用平行结转分步法计算成本。这种方法的成本核算程序如图 6-2 所示(图中数字为假设)。

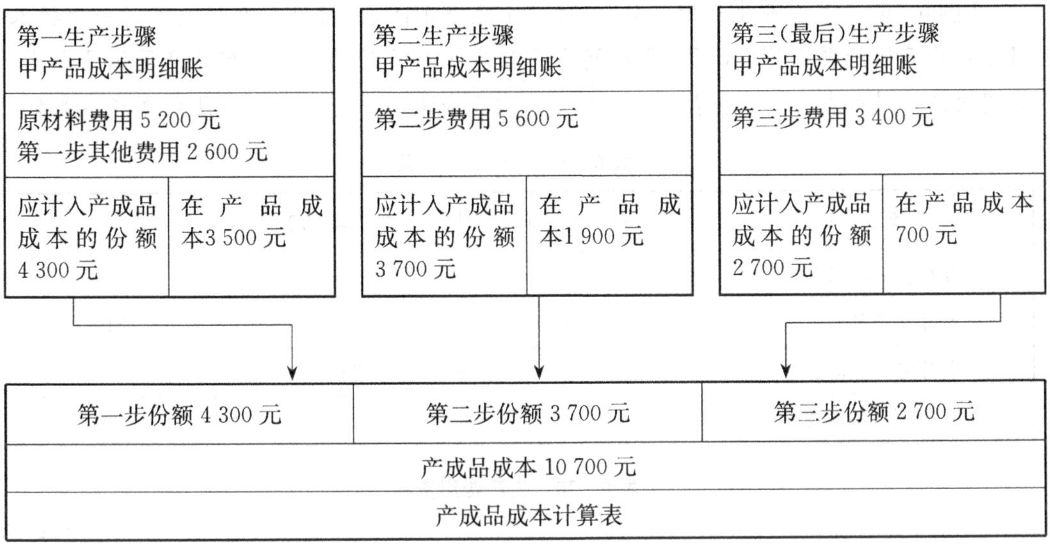

图 6-2　平行结转分步法核算程序图

从上述成本核算程序中，可以看出平行结转分步法有以下特点。

(1) 采用这一方法，各生产步骤不计算半成品成本，只计算本步骤所发生的生产费用。除第一步骤生产费用中包括所耗用的原材料和各项加工费用外，其他各步骤只计算本步骤发生的各项加工费用。

(2) 采用这一方法时，半成品实物流转与半成品成本的结转相分离。各步骤完工的半成品转移至下一步骤时，半成品成本并不随着结转。各步骤只汇总本步骤发生的生产费用，不考虑耗用前一步骤的半成品成本。因此，采用这种方法计算产品成本时，不论半成品是直接转入下一生产步骤还是通过半成品库收发，均不需通过“自制半成品”科目进行核算。

(3) 为了计算各生产步骤发生的费用中应计入产成品的份额，必须将每一生产步骤发生的费用划分为耗用于产成品部分和尚未最后制成的在产品部分。这里的产成品是指最后步骤完工的产成品。在产品是指广义在产品，它包括：① 本步骤尚未完工的在产品；② 本步骤已完工转入半成品库的半成品；③ 已从半成品库转到以后各步骤进一步加工、尚未最后制成的半成品。

(4) 将各生产步骤中应计入产成品成本中的份额平行地加以结转、汇总，计算该种产成品的总成本和单位成本。

如何正确确定各步骤生产费用中应计入产成品成本中的份额，即每一生产步骤的生产费用如何正确地在完工产成品和广义在产品之间进行分配，是平行结转分步法能否正确计算产成品成本的关键所在。为此，企业应根据具体情况，运用各种完工产品和在产品之间分配费用的方法进行这种费用的分配。

(二) 平行结转分步法举例

[例 6-6] 某企业生产甲产品，经过三个生产车间，原材料在开始生产时一次投入，月末在产品按约当产量法计算，各车间在产品完工程度均为50%，有关产量记录和生产费用记录资料如表 6-37 和表 6-38 所示。该企业采用平行结转分步法计算产品成本。

表 6-37 产 量 记 录

项 目	一 车 间	二 车 间	三 车 间
月初在产品数量	160	120	60
本月投产数量	240	320	240
本月完工产品数量	320	240	200
月末在产品数量	80	200	100

表 6-38 生产费用资料

单位：元

成本项目	月初在产品成本			本月发生费用		
	一车间	二车间	三车间	一车间	二车间	三车间
直接材料	24 000			63 000		
燃料及动力	4 800	4 400	1 300	12 480	11 600	4 700
直接工资	7 000	6 240	1 780	17 300	14 560	6 470
制造费用	4 400	4 000	1 200	11 800	11 600	4 800
合 计	40 200	14 640	4 280	104 580	37 760	15 970

一车间产品成本计算的结果如下：

在产品数量(计算直接材料费用使用) = 该步骤月末在产品约当产量 + 该步骤已完工留存在半成品库数量 + 以后各步骤月末半成品数量

$$= 80 + 200 + 100 = 380(\text{件})$$

在产品数量(计算加工费用使用) = 该步骤月末在产品约当产量 + 该步骤已完工留存在半成品库数量 + 以后各步骤月末半成品数量

$$= 80 \times 50\% + 200 + 100 = 340(\text{件})$$

$$\text{单位成本(直接材料)} = \frac{\text{该步骤月初在产品成本} + \text{该步骤本月发生的生产费用}}{\text{该步骤完工产品数量(约当产量)}}$$

$$= \frac{\text{该步骤月初在产品成本} + \text{该步骤本月发生的生产费用}}{\text{本月完工产成品数量} + \text{广义在产品数量}}$$

$$= \frac{24\,000 + 63\,000}{200 + 380} = 150(\text{元})$$

$$\text{单位成本(燃料及动力)} = \frac{4\,800 + 12\,480}{200 + 340} = 32(\text{元})$$

$$\text{应计入产成品成本中的份额(直接材料)} = \text{产成品数量} \times \frac{\text{单位产成品耗用}}{\text{该步骤半成品数量}} \times \text{该步骤半成品单位成本}$$

$$= 200 \times 150 = 30\,000(\text{元})$$

$$\text{应计入产成品成本中的份额(燃料及动力)} = \text{产成品数量} \times \frac{\text{单位产成品耗用}}{\text{该步骤半成品数量}} \times \text{该步骤半成品单位成本}$$

$$= 200 \times 32 = 6\,400(\text{元})$$

其余指标计算方法同上，据此编制“一车间产品成本明细账”，如表 6－39 所示。

表 6－39　一车间产品成本明细账

单位：元

行　序	项　　目	直接材料	燃料及动力	直接工资	制造费用	合计
①	月初在产品成本	24 000	4 800	7 000	4 400	40 200
②	本月发生费用	63 000	12 480	17 300	11 800	104 580
③：①＋②	合计	87 000	17 280	24 300	16 200	144 780
④	完工产成品产量(件)	200	200	200	200	—
⑤	广义在产品数量(件)	380	340	340	340	—
⑥：④＋⑤	合计(件)	580	540	540	540	—
⑦：③/⑥	单位成本(元/件)	150	32	45	30	257
⑧：④×⑦	应计入产成品成本中份额	30 000	6 400	9 000	6 000	51 400
⑨：③－⑧	月末在产品成本	57 000	10 880	15 300	10 200	93 380

二车间产品成本的计算结果如下：

$$在产品数量(计算加工费用使用) = 200 \times 50\% + 100 = 200(件)$$

$$单位成本(燃料及动力) = \frac{4\,400 + 11\,600}{200 + 200} = 40(元)$$

$$应计入产成品成本中的份额(燃料及动力) = 200 \times 40 = 8\,000(元)$$

其余指标计算方法同上，据此编制“二车间产品成本明细账”，如表 6-40 所示。

表 6-40　二车间产品成本明细账

单位：元

行　序	项　　目	直接材料	燃料及动力	直接工资	制造费用	合计
①	月初在产品成本		4 400	6 240	4 000	14 640
②	本月发生费用		11 600	14 560	11 600	37 760
③：①+②	合计		16 000	20 800	15 600	52 400
④	完工产成品产量(件)		200	200	200	—
⑤	广义在产品数量(件)		200	200	200	—
⑥：④+⑤	合计(件)		400	400	400	—
⑦：③/⑥	单位成本(元/件)		40	52	39	131
⑧：④×⑦	应计入产成品成本中份额		8 000	10 400	7 800	26 200
⑨：③−⑧	月末在产品成本		8 000	10 400	7 800	26 200

三车间产品成本的计算结果如下：

$$在产品数量(计算加工费用使用) = 100 \times 50\% = 50(件)$$

$$单位成本 = \frac{1\,300 + 4\,700}{200 + 50} = 24(元)$$

$$应计入产成品成本中的份额(燃料及动力) = 200 \times 24 = 4\,800(元)$$

其余指标计算方法同上，据此编制“三车间产品成本明细账”，如表 6-41 所示。

表 6-41　三车间产品成本明细账

单位：元

行　序	项　　目	直接材料	燃料及动力	直接工资	制造费用	合计
①	月初在产品成本		1 300	1 780	1 200	4 280
②	本月发生费用		4 700	6 470	4 800	15 970
③：①+②	合计		6 000	8 250	6 000	20 250
④	完工产成品产量(件)		200	200	200	—
⑤	广义在产品数量(件)		50	50	50	—
⑥：④+⑤	合计(件)		250	250	250	—
⑦：③/⑥	单位成本(元/件)		24	33	24	81
⑧：④×⑦	应计入产成品成本中份额		4 800	6 600	4 800	16 200
⑨：③−⑧	月末在产品成本		1 200	1 650	1 200	4 050

根据上述计算，将各车间产品成本明细账中的“应计入产成品成本中的份额”平行进行汇总，即可编制“完工产品成本汇总计算表”，见表6-42。

表6-42　完工产品成本汇总计算表

单位：元

项　　目	直接材料	燃料及动力	直接工资	制造费用	合　计
一车间	30 000	6 400	9 000	6 000	51 400
二车间		8 000	10 400	7 800	26 200
三车间		4 800	6 600	4 800	16 200
合　计	30 000	19 200	26 000	18 600	93 800
单位成本	150	96	130	93	469

（三）平行结转分步法的优缺点

第一，各步骤可以同时计算产品成本，平行汇总计入产成品成本，不必逐步结转半成品成本。

第二，能够直接提供按原始成本项目反映的在产品成本资料，不必进行成本还原，因而能够简化和加速成本计算工作。

第三，不能提供各个步骤半成品成本资料及各步骤所耗上一步骤半成品费用资料，因而不能全面地反映各步骤生产耗费的水平，不利于各步骤的成本管理。

第四，在产品的费用在产品最后完成以前，不随实物流转而结转，各步骤月末在产品成本不仅包括本步骤正在加工的在产品，而且包括本步骤已完工转入半成品库的半成品以及已从半成品库转到以后各步骤进一步加工、尚未最后制成的半成品，这样，各步骤产品成本明细账中的月末在产品与实际结存在该步骤的在产品成本就不一致，因而不利于加强对各个生产步骤在产品的实物和资金管理。

四、逐步结转分步法与平行结转分步法的比较

采用逐步结转分步法与平行结转分步法计算产品成本，虽然都属于分步法，但两者之间仍有许多差异，主要表现在以下几个方面。

(1) 成本计算程序不同。逐步结转分步法在计算产品成本时是按照产品的生产过程逐步计算并结转半成品及其成本，在最后步骤计算出产成品成本。而平行结转分步法各步骤只计算该步骤应计入产成品成本的份额，将各步骤应计入产成品成本的份额平行地加以汇总，才能计算出完工产成品的成本。

(2) 各步骤所包括的费用不同。逐步结转分步法，其每一步骤应分配的费用，既包括本步骤发生的费用，也包括上一步骤转入的半成品的成本。平行结转分步法应分配的费用，只包括本步骤发生的费用，不包括上一步骤转入的半成品的成本。

(3) 在产品的概念不同。逐步结转分步法下的在产品是狭义的在产品，而平行结转

分步法的在产品是广义的在产品。

(4) 提供的成本资料不同。由于在逐步结转分步法下,实物流转与成本结转是相一致的,因此能提供各步骤所占用的生产资金数额。但在综合逐步结转分步法下不能提供按原始成本项目反映的成本结构,有时需要进行成本还原。平行结转分步法下,实物流转与成本结转相脱节,因此,不能提供各步骤所占用的生产资金数额。但它能提供按原始成本项目反映的产品成本结构,不需要进行成本还原。

(5) 成本计算的及时性。逐步结转分步法除第一步骤外,其余步骤均需在上一步骤成本计算后才能进行,影响了成本计算的及时性。而平行结转分步法各步骤可同时进行计算,加快了成本计算的速度。

本章小结

(1) 工业企业的生产,按生产工艺过程的特点,可分为单步骤生产和多步骤生产;按生产组织的特点,可分为大量生产、成批生产和单件生产。

(2) 生产特点和管理要求对产品成本计算产生影响,这一影响主要表现在以下方面:对成本计算对象的影响;对产品成本计算期的影响;对完工产品与在产品之间费用分配的影响。

(3) 在产品成本计算工作中有三种不同的成本计算对象,即产品品种、产品批别和产品生产步骤,以这三种成本计算对象为基本标志,也就产生了三种基本的成本计算方法,即品种法、分批法和分步法。

(4) 品种法是按照产品品种计算产品成本的一种方法,即以产品品种为成本计算对象,归集各项生产费用,计算各种产品的总成本和单位成本。品种法适用于大量大批的单步骤生产。品种法一般定期于月末进行成本计算。一般不需将生产费用在完工产品和月末在产品之间进行分配。当大量大批多步骤生产类型的企业采用品种法计算产品成本时,若月末有在产品,则需计算其在产品的成本。

(5) 分批法也称订单法,它是按照产品批别计算产品成本的一种方法,即以各批产品为成本计算对象,归集各项生产费用,计算各批产品的总成本和单位成本。分批法主要适用于单件、小批,管理上不要求分步骤计算成本的多步骤生产。分批法一般按生产计划部门下达的生产任务通知单作为成本计算对象进行成本计算。分批法下成本计算是非定期的,成本计算期与生产周期相同,而与会计报告期不一致。在单件、小批生产下,由于成本计算期与产品的生产周期一致,因而在月末计算产品成本时,一般不存在在完工产品与在产品之间分配费用的问题。

(6) 简化的分批法下,每月发生的间接计入费用,不是按月在各批产品之间进行分配的,而是先在基本生产成本二级账户中累计起来,在有完工产品的月份,才在各批完工产品之间进行分配,计算完工产品成本;对未完工的在产品则不分配间接计入费用。采用这种方法，各批产品之间分配间接计入费用的工作以及完工产品与月末在产品之间分配间接计入费用的工作，都是利用累计间接计入费用分配率，到产品完工时合并在一起进行的。因此，也称为累计间接计入费用分配法。简化的分批法主要适用于同一月份投产的产品批数很多，月末未完工批数较多，且各月间接计入费用水平相差不大的情况。

(7) 分步法，是按照产品的生产步骤归集生产费用，计算产品成本的一种方法。它适用于大量大批的多步骤生产。分步法在结转各步骤成本时，又存在着逐步结转分步法和平行结转分步法两种方法。

(8) 逐步结转分步法是按照产品加工的顺序，逐步计算并结转半成品成本，直到最后加工步骤才能计算产成品成本的一种方法。逐步结转分步法的成本计算对象是每种产品及其所经过生产步骤本成品的成本。逐步结转分步法按照成本在下一步骤产品成本明细账中的反映方式，还可以分为综合结转和分项结转两种方法。在综合结转法下，为了反映产品成本的实际构成，还需进行成本还原。

(9) 平行结转分步法是各步骤不计算半成品成本，而只归集各步骤本身所发生的费用及各步骤应计入产成品成本的份额，将各步骤应计入产成品成本的份额平行加以汇总，即可计算出完工产品成本的一种方法。

(10) 逐步结转分步法与平行结转分步法在成本计算程序、各步骤所包括的费用、在产品的概念、提供的成本资料以及成本计算的及时性等方面都有不同的特点。

本章术语

生产类型；单步骤生产；多步骤生产；大量生产；成批生产；单件生产；成本计算对象；品种法；分批法；简化的分批法；分步法；逐步结转分步法；综合结转；分项结转；平行结转分步法

复习思考题

1. 企业的生产特点和管理要求如何影响产品成本计算？
2. 基本的成本计算方法有哪些？辅助的成本计算方法有哪些？
3. 什么是产品成本计算的品种法？品种法有哪些特点？在什么条件下适用？
4. 说明品种法成本计算的程序。
5. 什么是产品成本计算的分批法？分批法有哪些特点？在什么条件下适用？
6. 说明分批法成本计算的程序。
7. 简化的分批法与一般的分批法相比较有哪些特点？
8. 什么是产品成本计算的分步法？分步法有哪些特点？在什么条件下适用？

9. 逐步结转分步法的特点和优点是什么？

10. 什么是半成品成本的综合结转法和分项结转法？它们的优缺点是什么？

11. 什么是按计划成本结转法？按计划成本结转法有什么优点？

12. 什么是成本还原？为什么要进行成本还原？如何进行成本还原？

13. 什么是平行结转分步法？平行结转分步法有什么特点？

14. 试述平行结转分步法的成本计算程序。

15. 试述平行结转分步法的优缺点。

16. 试比较逐步结转分步法和平行结转分步法的异同。

业务计算题

1. 某企业有一个基本生产车间，大量生产甲、乙两种产品，另有一个机修辅助生产车间，辅助生产车间的间接费用通过“制造费用”科目归集。该企业采用品种法计算产品成本，设置直接材料、直接人工和制造费用三个成本项目。该企业20**年4月有关产品产量及成本资料如下表所示：

月初在产品

单位：元

产　品	直接材料	直接人工	制造费用	合　计
甲产品	7 160	4 990.4	4 296.648	16 447.048
乙产品	8 240	6 489.6	5 221.952	19 951.552

产量资料

单位：元

项　目	甲　产　品	乙　产　品
期初在产品	280	360
本月投产	720	840
本月完工	700	800
月末在产品	300	400

材料定额消耗量、工时记录

		生产工时(h)	修理工时(h)	定额消耗量(kg)
基本车间	甲产品	2 720		640
	乙产品	1 280		360
	一　般		3 900	
企业行政管理部门			2 100	

生产费用资料

单位：元

费用要素	甲产品生产用	乙产品生产用	甲乙产品共同用	基本生产一般用	辅助生产生产用	辅助生产一般用	合计
原材料	20 000	16 000	6 000	2 000	500	300	44 800
工资			48 000	3 600	4 400	2 000	58 000
福利费			6 720	504	616	280	8 120
折旧费				10 500		3 500	14 000
待摊费用				7 200		1 800	9 000
办公费及其他				11 200		3 800	15 000

材料在开工时一次投入，在产品的完工率为50%，甲、乙两种产品共同耗用的材料按定额消耗量比例分配，基本生产车间生产工人工资、制造费用按生产工时比例分配。辅助生产车间费用按修理工时比例分配。甲、乙两种产品采用约当产量法计算完工产品成本和月末在产品成本。

要求：根据上述资料，编制如下费用分配表，并写出相应的会计分录。

(1) 编制产品共同耗用材料分配表、原材料费用分配表。

产品共同耗用材料分配表

产品名称	分配标准	分配率	分配金额(元)
甲产品			
乙产品			
合　计			

材料费用分配表

单位：元

应借科目 应贷科目	基本生产成本		辅助生产成本	制造费用		合计
	甲产品	乙产品	机修车间	基本车间	辅助车间	
原材料						

(2) 根据工资资料，编制工资及福利费用分配汇总表。

工资及福利费用分配汇总表

单位：元

应借科目 应贷科目		基本生产成本			辅助生产成本	制造费用		合计
		甲产品	乙产品	小　计		基本车间	辅助车间	
应付工资	分配标准(h)							
	分配率							
	分配金额							
应付福利费								

(3) 根据折旧资料，编制固定资产折旧费用分配表。

固定资产折旧费用分配表

单位：元

应借科目 / 应贷科目	制造费用		合　计
	基本车间	辅助车间	
累计折旧			

(4) 根据资料编制待摊费用和其他费用分配表。

待摊费用和其他费用分配表

单位：元

应借科目 / 应贷科目	制造费用		合　计
	基本车间	辅助车间	
待摊费用			
银行存款			

(5) 根据上述要素费用分配表，登记辅助生产车间制造费用明细账。

制造费用明细账

车间名称：机修车间　　　　单位：元

摘　　要	材料费	工资费	福利费	折旧费	待摊费用	办公费	合计
根据材料分配表							
根据工资及福利分配表							
根据折旧分配表							
根据待摊费用及其他费用分配表							
合计							
本月转出							

(6) 根据上述有关费用分配表登记辅助生产明细账。

辅助生产明细账

车间名称：机修车间　　　　单位：元

摘　　要	直接材料	直接人工	制造费用	合　计
根据材料分配表				
根据工资及福利分配表				
根据制造费用明细账				
合计				
本月转出				

(7) 编制辅助生产费用分配表。

生产费用分配表

项　　目		制造费用	管理费用	合　计
机修车间	耗用量			
	分配率			
	分配金额(元)			

(8) 根据上述资料,登记基本生产车间制造费用明细账。

制造费用明细账

车间名称:基本车间　　　　　　　　　　　　　　　　　　　　　　单位:元

摘　　要	材料费	工资费	福利费	折旧费	待摊费用	办公费	修理费	合计
根据材料分配表								
根据工资及福利分配表								
根据折旧分配表								
根据待摊费用及其他费用分配表								
合计								
本月转出								

(9) 根据基本车间明细账及其他资料编制制造费用分配表。

制造费用分配表

车间名称:基本车间

应 借 科 目		分配标准(生产工时)	分配率	分配金额(元)
基本生产成本	甲			
	乙			
	合计			

(10) 根据有关资料,登记基本生产成本明细账,计算甲、乙产成品的总成本和单位成本。

基本生产成本明细账

产品名称：甲产品　　　　完工数量：700件　　　　在产品数量：300件

单位：元

摘　　要	直接材料	直接人工	制造费用	合　计
月初在产品成本				
本月生产费用				
生产费用合计				
完工产品成本				
单位成本				
月末在产品成本				

基本生产成本明细账

产品名称：乙产品　　　　完工数量：700件　　　　在产品数量：300件

单位：元

摘　　要	直接材料	直接人工	制造费用	合　计
月初在产品成本				
本月生产费用				
生产费用合计				
完工产品成本				
单位成本				
月末在产品成本				

2. 某工业企业生产甲、乙、丙三种产品，生产组织属于小批生产，采用分批法计算成本。20**年6月份的生产情况和生产耗用资料如下。

(1) 6月份的产品批号有：

0120#甲产品8台，5月份投产，本月完工。

0142#乙产品10台，本月投产，完工8台，未完工2台。

0110#丙产品12台，本月投产，计划下月完工，月末提前完工4台。

(2) 本月份的成本资料为：

0120#甲产品的月初在产品费用为：直接材料6 800元，直接工资3 150元，制造费用2 000元。

0142#乙产品完工数量较大，完工产品与月末在产品之间采用约当比例法进行分配。在产品的完工程度为40%。原材料在生产开始时一次投入。

0110#丙产品完工数量较少，按计划成本结转，每台计划成本为：直接材料800元，直接人工680元，制造费用520元。

各批产品本月发生的生产费用

单位：元

批　　号	直接材料	直接人工	制造费用
0120#		2 450	2 720
0142#	8 200	6 336	3 960
0110#	9 840	7 500	4 380

要求：根据上述资料，采用分批法登记产品成本明细账，计算各批产品的完工产品成本和月末在产品成本，并编制相应的会计分录。

基本生产成本明细账

批号：0120#　　　　投产日期：5月
产品名称：甲产品　　　　完工日期：6月完工8台　　　　单位：元

摘　　要	直接材料	直接人工	制造费用	合　计
月初在产品成本				
本月生产费用				
生产费用合计				
完工产品成本				
单位成本				

基本生产成本明细账

批号：0142#　　　　投产日期：6月
产品名称：乙产品　　　　完工日期：6月完工8台　　　　单位：元

摘　　要	直接材料	直接人工	制造费用	合　计
本月生产费用				
完工产品成本				
完工产品单位成本				
月末在产品费用				

基本生产成本明细账

批号：0110#　　　　投产日期：6月
产品名称：丙产品　　　　完工日期：6月完工4台　　　　单位：元

摘　　要	直接材料	直接人工	制造费用	合　计
本月生产费用				
单台计划成本				

续 表

摘　　要	直接材料	直接人工	制造费用	合　计
完工产品成本				
月末在产品成本				

3. 某企业生产甲产品需经过第一、第二车间连续加工完成。第一车间半成品通过"自制半成品"账户核算，第二车间所耗的半成品费用按全月一次加权平均单位成本计算，两个车间月末在产品均按定额成本计算。有关资料如下：

第一车间产品成本计算单

单位：元

摘　　要	产量(件)	直接材料	直接人工	制造费用	成本合计
月初在产品成本(定额成本)		14 000	4 000	6 000	24 000
本月生产费用		30 000	6 000	9 000	45 000
生产费用累计					
完工半成品成本	800				
期末在产品成本		12 000	2 800	4 200	19 000

自制半成品明细账

单位：元

月初余额		本月增加		合　计			本月减少	
数量(件)	实际成本	数量(件)	实际成本	数量(件)	实际成本	单位成本	数量(件)	实际成本
400	26 800	800					900	

第二车间产品成本计算单

单位：元

摘　　要	产量(件)	直接材料	直接人工	制造费用	成本合计
月初在产品成本(定额成本)		12 400	8 800	10 800	32 000
本月生产费用			19 400	23 800	
生产费用累计					
完工半成品成本	720				
月末在产品成本(定额成本)		11 200	7 800	9 400	28 400

要求：采用逐步结转法(综合结转法)在表中计算产品成本，并编制相应的会计分录。

4. 某企业生产甲产品，分两个生产步骤分别在两个生产车间进行，其中第一生产车间月末在产品按定额成本计算，第二生产车间月末在产品按约当产量法计算。有关成本资料如下：

第一车间产品成本计算单

单位：元

摘　　要	产量（件）	直接材料	直接人工	制造费用	成本合计
月初在产品成本（定额成本）	300	20 000	15 000	14 000	49 000
本月生产费用	700	45 000	34 000	31 000	110 000
生产费用累计					
完工半成品成本	800				
月末在产品成本（定额成本）	200	16 000	12 800	10 200	39 000

第二车间产品成本计算单

单位：元

摘　　要	产量（件）	约当产量	半成品	直接人工	制造费用	成本合计
月初在产品成本	300		45 000	13 500	16 000	74 500
本月投入费用				36 500	32 000	
领用第一车间半成品	800					
合计	1100					
分配率						
本月完工产品成本	900					
月末在产品成本（完工程度 50%）	200					

产品成本还原计算表

单位：元

项　　目	还原分配率	半成品	直接材料	直接人工	制造费用	合　计
还原前完工产品成本						
本月第一车间所产半成品成本						
成本还原						
还原后完工产品总成本						
还原后产品单位成本						

要求：(1) 完成第一车间成本计算单，并编制结转第一车间完工半成品成本的会计分录，第一车间半成品直接交付第二车间继续加工。

(2) 完成第二车间成本计算单，并编制结转完工产品成本的会计分录。

(3) 完成产品成本还原计算表。

5. 某企业生产甲产品，经过三个步骤，材料在开始生产时一次投入，月末在产品按约当产量法计算，各步骤在产品完工程度均为50%。有关产量、费用资料见下表及成本明细账。

要求：采用平行结转分步法计算甲产品成本，完成成本明细账和成本计算汇总表的编制。

产 量 记 录

单位：元

步　　骤	月初在产品	本月投产	本月完工	月末在产品
第一步骤	80	120	160	40
第二步骤	60	160	120	100
第三步骤	30	120	100	50

第一步骤产品成本计算单

单位：元

摘　　要		直接材料	直接人工	制造费用	成本合计
月初在产品成本		12 000	3 500	2 850	18 350
本月生产费用		34 400	10 000	6 600	51 000
生产费用累计					
产量（件）	完工产成品产量				
	广义在产品数量				
	合计				
单位成本					
应计入产品成本中份额					
月末在产品成本					

第二步骤产品成本计算单

单位：元

摘　　要	直接材料	直接人工	制造费用	成本合计
月初在产品成本		3 240	2 500	5 740
本月生产费用		7 560	5 900	13 460

续　表

摘　　要		直接材料	直接人工	制造费用	成本合计
生产费用累计					
产量（件）	完工产成品产量				
	广义在产品数量				
	合计				
单位成本					
应计入产品成本中份额					
月末在产品成本					

第三步骤产品成本计算单

单位：元

摘　　要		直接材料	直接人工	制造费用	成本合计
月初在产品成本			920	650	1 570
本月生产费用			3 580	2 850	6 430
生产费用累计					
产量（件）	完工产成品产量				
	广义在产品数量				
	合计				
单位成本					
应计入产品成本中份额					
月末在产品成本					

甲产品成本汇总表

单位：元

车　　间	产量(件)	直接材料	直接人工	制造费用	合　计
第一步骤成本份额					
第二步骤成本份额					
第三步骤成本份额					
成本合计					
单位成本					

6. 某企业生产丙产品需经过第一车间和第二车间连续加工完成。采用逐步结转分步法计算成本。第一步骤转入第二步骤的生产费用合计(半成品成本)80 000 元，其中原

材料 50 000 元，职工薪酬 10 000 元，制造费用 20 000 元。第二车间本月发生的职工薪酬费用 6 000 元，制造费用 12 500 元。第二车间期初在产品成本 12 000 元，其中半成品 10 000元(包括原材料费用 6 000 元，职工薪酬 1 000 元，制造费用 3 000 元)，职工薪酬 800 元，制造费用 1 200 元。第二车间期末在产品按定额成本计算 18 000 元，其中半成品成本 15 000 元(包括原材料费用 11 000 元，职工薪酬 1 500 元，制造费用 2 500 元)，职工薪酬 1 100元，制造费用 1 900 元。

要求：分别采用分项结转法和综合结转法计算产品成本。

第七章
产品成本计算的辅助方法

·本章概要·

为了简化成本核算或加强成本管理，除了基本的产品成本计算方法外，在实际工作中还用到一些辅助的方法，如分类法、定额法等。这些方法有别于基本方法的特点主要是与特定的生产类型无关，且必须结合基本方法才能应用。

本章共四节，第一节阐述分类法的基本核算方法以及在联产品、副产品、等级产品成本计算中的应用；第二节介绍定额法成本核算的方法程序；第三节论述标准成本法的核算和账务处理；第四节讨论成本计算方法在实际中的结合应用。

分类法和定额法的基本理论和核算的方法程序是本章的重点，也是难点所在。

·导入案例·

某企业下设三个基本生产车间。

第一车间是一个独立车间，大批量生产甲、乙、丙三种产品，直接对外销售，其生产稳定，定额齐全、准确。

第三车间按照客户的订单要求来组织生产，其生产为单件、小批量生产。第二车间为第三车间的生产提供零部件和半成品（不对外销售），第三车间进一步加工成客户所需的产品。

为了便于考核、分析各车间的业绩，在核算上要求划分清楚各车间所耗的原材料和半成品。

要求：根据其生产特点和管理要求，该企业可采用哪些成本计算方法？为什么？

第一节 分类法

一、分类法的特点

产品成本的分类法是按产品类别归集生产费用，在计算某种产品总成本的基础上，按照一定标准在类内各种产品之间分配计算每种产品成本的一种成本计算方法。

在企业中，如果生产的产品品种、规格繁多，若按产品的品种、规格归集生产费用，计算产品成本，则成本的计算工作极为繁重。在这种情况下，如果不同品种、规格的产品可以按照一定的标准进行分类，为了简化成本计算工作，就可以采用分类法来计算产品成本。

分类法的特点是：

(1) 以各类产品为成本计算对象，按产品的类别归集生产成本，计算各类产品的成本。

(2) 月末计算产品成本时，先将各类产品成本计算单归集的生产费用，按一定的标准，在该类完工产品与在产品之间进行分配，以确定该类完工产品的总成本；然后，按一定的标准，将完工产品总成本在类内各种产品之间进行分配，以计算确定类内各种产品的成本。

二、分类法的适用范围

分类法与生产的类型无直接关系，它可以在各种类型的生产中应用，即凡是所生产的产品品种、规格、型号繁多，又可以按一定的标准予以分类的企业或车间，均可以采用分类法计算成本。具体有：

(1) 联产品的生产，即用同一种原材料进行加工而同时生产出几种主要产品的生产；

(2) 用同种原材料、同样的工艺过程而生产出不同规格产品的生产；

(3) 生产主要产品的生产过程中附带生产一些非主要产品的企业，将主副产品归为一类，然后将副产品按一定的方法计价从总产品中扣除求得主产品成本；等等。

三、分类法的基本核算程序

(1) 将产品按照其所耗用的材料、产品的结构、产品经过的生产工艺过程等标志划分为若干个类别，然后采用基本成本计算方法中的一种计算各类产品的总成本。

(2) 选择合理的分配标准，分别将每类产品的成本，在类内的各种产品间进行分配，计算各种产品的成本。

采用分类法计算产品成本时，计算出来的各种产品的成本具有一定程度上的假定性。因而，标准产品的选择、类距的划分，都应尽量接近实际。若情况发生变动时，应重新对这些因素进行调整。

四、各类产品成本在完工产品与在产品之间的分配方法

月末计算产品成本时，应先将各类产品成本计算单中归集的生产费用，按一定的方法在该类完工产品与在产品之间进行分配，以确定该类完工产品的总成本，其方法主要有：

(1) 在产品按定额成本计算。在产品按定额成本计算，是在计算各类完工产品总成

本时，先以定额成本计算出各该类在产品的定额总成本，然后从各该类产品成本计算单中归集的费用总额中予以扣除，剩下余额即为各类完工产品总成本。这种方法适用于定额管理水平较高，各项定额比较健全的企业。

(2) 按定额比例分配。这种方法，是将各该产品成本计算单中归集的生产费用，按照定额耗用量或定额成本同时在完工产品与在产品之间进行分配，以计算出完工产品总成本。

五、类内各完工产品成本的计算方法

(一) 类内各种产品成本分配标准的选择

在计算出类内产品总成本后，应采用适当的方法，分配计算类内各种产品的成本。

在计算类内各种产品的成本时，分配标准的选择是非常重要的。分配标准应选择与产品成本的高低有着直接联系的项目。各成本项目可采用同一分配标准，也可以采用不同的分配标准。通常采用的分配标准有定额消耗量、定额成本、计划成本、产品售价、产品体积等。

(二) 系数法和定额比例法

1. 系数法

在实际工作中，为了简化成本计算工作，有时将类内各种产品成本的分配标准折算为系数，按系数分配计算类内各种产品成本。因此，分类法又称系数法。采用系数法分配计算类内产品成本时，分配材料费用一般按系数计算，分配其他费用时，既可以按系数计算，也可以按定额工时的比例计算。分配程序如下：

(1) 在类内选择出一总产量大、生产稳定、规格适中的产品作为标准产品，将其系数确定为1，然后计算各种产品的单位系数。

(2) 根据各种产品的产量，计算各种产品的总系数。

(3) 根据各种产品的总系数，计算分配每种产品应分配的直接材料费用。

(4) 根据各种产品的工时资料，计算分配各种产品的其他费用。

具体计算公式如下：

$$\text{某产品直接材料分配系数} = \text{该产品的分配标准} / \text{类内标准产品的分配标准}$$

$$\text{某产品直接材料总系数} = \text{该产品产量} \times \text{该产品直接材料分配系数}$$

$$\text{直接材料分配率} = \text{某类产品直接材料总额} / \text{类内各种产品直接材料总系数之和}$$

其他费用若采用定额工时的比例进行分配，则公式如下：

$$\text{某产品定额总工时} = \text{该产品产量} \times \text{该产品单位工时定额}$$

$$\text{某产品应分配的某项其他费用} = \text{该产品的定额工时} \times \text{某项其他费用分配率}$$

2. 定额比例法

定额比例法是在计算出类内各产品的总成本后，将类内各种产品的成本，按各种产品的定额比例进行分配，从而计算出类内每一种产品的总成本和单位成本的一种方法。这种方法一般适用于定额比较健全、稳定的企业采用。在进行计算时，材料费用可采用材料的定额耗用量的比例进行分配，加工费可采用定额工时的比例进行分配。其具体的计算公式如下：

直接材料分配率 = 类内各种产品直接材料总额 / 类内各种产品原材料定额耗用量总数

类内某种产品直接材料费 = 该种产成品材料定额耗用量 × 直接材料分配率

某项加工费用分配率 = 类内各种产品某项加工费用实际总成本 / 类内各种产品定额工时总数

类内某种产成品某项加工费 = 该种产成品工时定额 × 加工费用分配率

类内某种在产品某项加工费 = 该种在产品工时定额 × 加工费用分配率

(三) 分类成本计算举例

[例 7-1]　某企业生产的产品按工艺过程可分为甲、乙两类，其中甲类内包括 A、B、C 三种产品。原材料费用系数按单位产品原材料费用定额确定，其他费用按单位产品工时消耗定额确定系数。某月甲类产品成本明细账如表 7-1 所示。

表 7-1　甲类产品成本明细账

单位：元

项　　目	直接材料	直接人工	制造费用	合　计
月初在产品成本	20 000	1 600	3 150	24 750
本月生产成本	393 000	29 000	61 500	483 500
合计	413 000	30 600	64 650	508 250
本月产成品成本	375 000	25 600	55 000	455 600
月末在产品成本	38 000	5 000	9 650	52 650

甲类产品系数计算如表 7-2 所示。

表 7-2　甲类产品系数计算表

产品名称	单位产品材料定额成本	单位产品工时定额	材料费用系数	其他费用系数
A 产品	200	24	1	1
B 产品	220	30	1.1	1.25
C 产品	160	36	0.8	1.5

上表中，以 A 产品为标准产品，并规定其系数为 1，则 B 产品材料费用系数为 220/200 = 1.1，B 产品的其他费用系数为 30/24 = 1.25，C 产品的系数以此类推。类内各种产品成本计算如表 7-3 所示。

表 7-3 甲类各种产品成本计算表

单位：元

项目	产量（件）	材料费用系数	材料费用总系数	直接材料	其他费用系数	其他费用总系数	直接人工	制造费用	产品总成本	单位成本
①	②	③	④：②×③	⑤：④×分配率	⑥	⑦：⑥×②	⑧：⑦×分配率	⑨：⑦×分配率	⑩：⑤+⑧+⑨	⑪：⑩/②
分配率				375 000/762=492.126			25 600/840=30.476	55 000/840=65.476		
A产品	450	1	450	221 456.70	1	450	13 714.20	29 464.20	264 635.10	588.08
B产品	240	1.1	264	129 921.26	1.25	300	9 142.80	19 642.80	158 706.86	661.28
C产品	60	0.8	48	23 622.05	1.5	90	2 742.84	5 892.84	32 257.73	537.63
合计			762	375 000		840	25 600	55 000	455 600	

［例 7-2］ 某企业生产甲、乙、丙、丁四种产品。这四种产品经过的生产工艺过程、使用的原材料相同，只是规格不同，所以划为一类进行成本计算。这类成本称为 A 类。设置的 A 类产品成本计算表如表 7-4 所示。

表 7-4 A 类产品成本计算表

单位：元

摘要	直接材料	直接工资	制造费用	合计
月初在产品成本	15 600	980	2 010	18 590
本月发生的费用	86 800	52 500	73 250	212 550
合计	102 400	53 480	75 260	231 140

A 类产品的产量、定额资料如表 7-5 所示。

表 7-5 A 类产品的产量、定额成本计算表

产品名称	产量（件）	材料定额成本（元）		定额工时（h）	
		单位定额	总额	单位定额	总定额工时
甲产成品	270	50	13 500	14	3 780
乙产成品	240	70	16 800	16	3 840
丙产成品	350	60	21 000	18	6 300
丁产成品	600	40	24 000	21	12 600
小计			75 300		26 520

续 表

产品名称	产 量(件)	材料定额成本(元)		定额工时(h)	
		单位定额	总 额	单位定额	总定额工时
甲在成品	100	50	5 000	7	700
乙在成品	120	80	9 600	8	960
丙在成品	80	70	5 600	9	720
丁在成品	150	40	6 000	10	1 500
小 计			26 200		3 880
合 计			101 500		30 400

根据上述材料,采用定额比例法计算的完工产品和在产品成本如表7-6所示。

直接材料分配率 = 102 400/101 500 = 1.01

直接工资分配率 = 53 480/30 400 = 1.76

制造费用分配率 = 75 260/30 400 = 2.48

表7-6 产品成本计算表

单位:元

摘 要		产成品数量(件)	直接材料		定额工时(h)	直接工资	制造费用	合计
			定额成本	实际成本				
月初在产品成本				15 600		980	2 010	18 590.0
本月发生的费用				86 800		52 500	73 250	212 550.0
合计			101 500	102 400	304 000	53 480	75 260	231 140.0
分配率				1.01		1.76	2.48	
月末在产品成本			26 200	26 462	3 880	6 829	9 622.4	42 913.4
完工产品	总成本		75 300	76 053	26 520	46 675	65 769.6	188 497.6
	甲产成品成本	270	13 500	13 635	3 780	6 653	9 374.4	29 662.4
	乙产成品成本	240	16 800	16 968	3 840	6 758	9 523.2	33 249.2
	丙产成品成本	350	21 000	21 210	6 300	11 088	15 624.0	47 922.0
	丁产成品成本	600	24 000	24 240	12 600	22 176	31 248.0	77 664.0

六、应用分类法时应注意的问题

分类法一般适用于产品品种规格繁多的企业,这样可以简化和加速成本的计算工作。但是如果使用不当,则会影响成本计算结果的准确性。因此,在使用时,要注意以下几个问题。

1. 分类要合适

采用分类法计算产品成本时,划分的类别要依据产品耗用的材料是否相同,所经过的工艺程序是否相同或相近。如果将所耗用的材料不相通、经过的生产工艺过程不一样的产品划分在一类里进行成本计算，则会影响成本计算结果的准确性。

2. 类距要恰当

在类别划分出来后，类内产品的类距也要恰当，既不能过大，也不能过小。类内产品的类距过大，会使计算的产品成本不准确；类距过小，成本核算的工作量过大。因此，应采用适当的方法对类距进行划分。

3. 分类标准的选择要符合实际

在选择分配标准时，应选择那些与费用的高低有密切联系的指标作为分配标准，使分配的结果更为准确。在选择分类标准时，可以采用所有的成本项目选择一个标准进行分配，也可以对不同的成本项目选择不同的分配标准。如果选择定额费用作为分配各成本项目费用的标准，也可以对材料费用采用材料的定额耗用量或定额费用作为分配标准，对其他费用，则采用定额工时的比例分配。

七、联产品、副产品和等级产品成本的计算

(一) 联产品的成本计算

1. 联产品概念及其主要特点

联产品是指以同种原料在同一生产过程中生产出两种或两种以上的主要产品。例如，炼油厂可以生产出汽油、煤油、柴油等产品，这些都是炼油厂的主要产品，也称为联产品。

联产品的主要特点是：

(1) 联产品都是企业的主要产品，是企业生产活动的主要目标。

(2) 销售价格较高，对企业收入有较大贡献。

(3) 要生产一种产品，通常要生产所有联产品。各种联产品之间的产量同比例增减时称为补充联产品；各种联产品之间的产量此增彼减时称为代用联产品。

联产品在生产过程中，所使用的原材料是相同的，并且又是在同一生产过程中生产出来的，在生产过程中的某一个阶段即可分离出来。这样在生产过程中是不能将其分别核算的，只能将其归为一类，计算其总成本，然后，再采用适当的方法，分配计算联产品中每种产品的成本。如果联产品分离后还需加工，则应根据分离后产品的特点，计算分离后产品的加工成本。一般情况下，将分离前发生的成本称为联合成本，而把分离后每种产品发生的成本称为可归属成本。

2. 联产品成本计算的方法

联产品从原料投入到产品销售要经过三个阶段：分离前、分离时和分离后。分离前在联合生产过程发生的费用汇总后确定联合成本。联产品分离时的分离点或分裂点是关键的，它是联合生产过程的结束。分离后如需进一步加工的，则产品的销售成本除了联合成本外还应加上继续加工成本。联产品三部分成本的计算如图 7－1 所示。

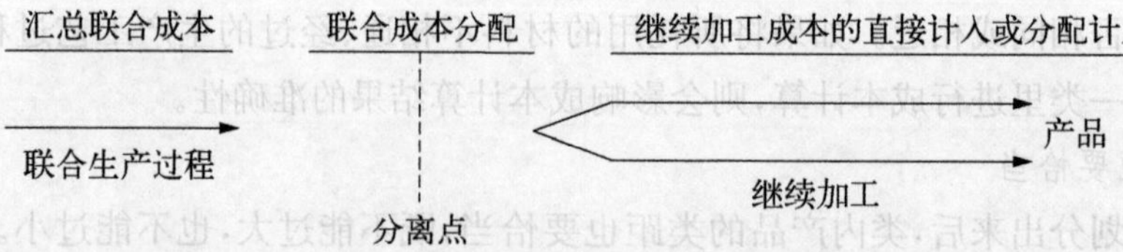

图 7-1 联产品成本计算示意图

联产品成本计算的三个部分中汇总联合成本与继续加工成本的计入都可采用前述成本计算方法中的一种。在这里主要介绍联合成本的分配方法。联合成本的分配，可根据企业的具体情况，采用如下几种方法。

(1) 分离点市价法

所谓分离点市价法是指产品生产的会计期间，以分离点这一时点的相关销售价值来决定联合成本的分配。采用这一方法的依据是销售价较高的联产品应成比例地负担较高的联合成本。

[例 7-3] 某企业生产 A、B 两种产品，联合成本为 4 000 元，有关资料及分配的结果如表 7-7 所示。

表 7-7 联合产品成本计算单

单位：元

产品名称	单价	产量(件)	价值	分配率	联合成本
A 产品	8	250	2 000	40%	1 600
B 产品	4	750	3 000	60%	2 400
合　计			5 000		4 000

此法所适用的对象是所有已完工的产品而不仅仅针对已售产品，使用分离点市价法，可以计算各种联产品的成本和毛利率。

(2) 实物计量法

联产品在同一生产过程中分离出时，各种联产品的产量会形成一定的比例，实物计量法正是以产品的产量或质量的比例来分配联合成本的。

[例 7-4] 沿用[例 7-3]的相关条件与数据，联合成本分配结果如表 7-8 所示。

表 7-8 联合产品成本计算单

单位：元

产品名称	单价	产量(件)	价值	分配率	联合成本
A 产品	8	250	2 000	25%	1 000
B 产品	4	750	3 000	75%	3 000
合　计			5 000		4 000

实物计量法与各种联产品的收益创造能力无关，而且并不适用于所有的情况，例如，若某企业的联产品既包括汽油，又包括天然气，则不宜使用实物计量法，因为前者是液体，而后者是气体，两者不具直接可比性。

(3) 预计可变现净值法

预计可变现净值法以预计的各种联产品的可变现净值，即以各种联产品的最终销售价格减去分离后成本的价值的比例来分配联合成本。

[例 7-5]　某企业生产 A、B 两种产品，联合成本为 4 000 元，有关资料及分配的结果如表 7-9 所示。

表 7-9　联合产品成本计算单

单位：元

产品名称	单价	产量（件）	价值	分离后成本	可变现净值	分配率	联合成本
A 产品	25	20	500	280	220	27.5%	110
B 产品	22	50	1 100	520	580	72.5%	290
合　计			1 600				400

预计可变现净值法要求获悉分离点后生产过程的相关成本信息，因此比分离点市价法复杂。

(4) 不变毛利率可变现净值法

使用不变毛利率可变现净值法的前提是联产品的完全毛利率已知。其计算程序主要包括以下三步。

(a) 计算联产品的完全毛利率。

(b) 利用完全毛利率，从产品的最终销售价值中扣除完全毛利，从而计算出联产品应负担的总成本。

(c) 再扣除可归属成本，求出联合成本。

[例 7-6]　沿用[例 7-4]的相关条件与数据，联合成本分配结果如表 7-10 所示。

$$毛利率 = [1\,600 - (280 + 520 + 400)]/1\,600 = 25\%$$

表 7-10　联合产品成本计算单

单位：元

产品名称	单价	产量（件）	价值	毛利	总成本	可归属成本	联合成本
A 产品	25	20	500	125	375	280	95
B 产品	22	50	1 100	275	825	520	305
合　计			1 600				400

不变毛利率可变现净值法的隐含假设是各种联产品的毛利率相同。

3. 联产品成本计算各种方法比较

上述四种联合产品分配方法应根据企业的具体情况加以选择。实物成本法简单易行，但成本与产量并非都有直接的联系，且它忽视了产品的销售价值。分离点市价法将联合成本的分配与联产品的最终销售价值联系起来，一般适用于分离后不再加工的联产品；预计可变现净值法则适用于分离后需进一步加工的联产品。不变毛利率可变现净值法对前提假设的要求较高，而现实企业中往往不存在固定不变的毛利率。

（二）副产品成本的计算

1. 副产品的主要特点

副产品是指在同一生产过程中，使用同种原料，在生产主要产品的同时附带生产出来的非主要产品。副产品的主要特点是：

（1）副产品是企业的次要产品，不是企业生产活动的主要目标。

（2）副产品的价值一般较小，销售价格较低，销售收入大大低于主产品。

但是，主副产品的区分并不是绝对的，甚至可以相互转化。原来的副产品，由于新的用途而提高售价，就可能从副产品转换为主产品。

2. 副产品成本计算的方法

为简化核算，对副产品可以不单独计算成本，而采用分类法，将副产品与主产品合为一类开设成本计算单，归集它们所发生的各项费用，计算其总成本；然后，将副产品按照一定的方法计价，从总成本中扣除，以扣除后的成本作为主产品的成本。具体方法如下。

（1）副产品不计算成本。即当副产品经济价值极小时，副产品不负担分离点前发生的任何成本，全部生产费用均为主产品成本。该法计算简便，但会高估主产品的成本。

（2）副产品按固定或计划单位成本计价。即副产品与主产品分离后，按副产品产出的数量和固定或计划单位成本计算其成本，并从联合成本中扣除。当副产品成本中原材料所占的比例较大，或者是副产品成本占联合成本的比例较小时，应将其成本从主产品生产成本明细账“原材料”成本项目中扣除；当副产品各个成本项目的比例相差不大，或者副产品在联合成本中占有一定比例时，应将其成本按比例从联合成本明细账的各个成本项目中扣除。

（3）副产品按销售价格扣除销售费用、销售税金后的余额计价，或者按售价减去按正常利润率计算的销售利润后的余额计价。副产品成本可以从联合成本明细账“原材料”成本项目中扣除，也可以按比例从联合成本明细账的各个成本项目中扣除。该法使用于副产品价值较高的情况，计算较为简便，但在副产品市价波动较大时，其成本将大受影响，进而影响到主产品成本计算的正确性。

（4）联合成本在主副产品之间分配。这种方法主要是在副产品比例较大，且副产品经济价值较高时，为了正确核算主副产品成本而采用的一种方法。采用该方法时应将主副产品视同联产品，采用一定标准在主副产品之间分配生产费用，并分别计算出各自的成本。

(三) 等级产品的成本计算

等级产品是指品种、规格相同，但质量等级不同的产品。产生不同等级产品的原因不同，其成本计算也采用不同的方法。

1. 按实际产量分配

如果产品的结构、所用的原材料和工艺过程完全相同，产品质量上的差别是由于工人操作不当、技术不娴熟等主观原因造成的，那么这些不同等级产品的单位成本应该是相同的。在单位成本相同的情况下，低等级产品由于售价较低而减少的利润，正好说明企业因工作上的过失而引起的损失。在这种情况下，应按实际产量比例分配等级产品的联合成本。

2. 按系数分配

如果产品质量上的差别是由于内部结构、所用原材料的质量或工艺技术上的要求不同等客观原因而产生的，那么应考虑对不同等级的产品确定不同的单位成本，即可以将这些产品归为同一品种不同规格的一类产品，采用分类法计算成本。在这种情况下，不能按实际产量比例分配等级产品的联合成本，可以采用售价或其他分配标准，或将分配标准折合成系数，采用系数法来计算分配等级产品的联合成本。

[例 7－7]　某毛巾厂本月生产毛巾 200 000 条，由于所用原材料质量有差别，其中一等品 40 000 条，二等品 100 000 条，三等品 60 000 条。其售价分别为 20 元、16 元和 12 元。以售价作为分配标准，以一等品作为标准产品，采用系数法分配共同成本。本月共发生生产成本 1 950 000 元，其中直接材料 1 100 000 元，直接人工 460 000 元，燃料和动力 160 000 元，制造费用 230 000 元。

根据上述资料，分配各等级毛巾的成本，编制等级产品成本计算单，如表 7－11 所示。

表 7－11　等级产品成本计算单

单位：元

产品等级	产量(条)	单价	系数	总系数	分配率	总成本	单位成本
	①	②	③：②/20	④：①×③	⑤	⑥：④×⑤	⑦：⑥/①
一等品	40 000	20	1	40 000	—	500 000	12.5
二等品	100 000	16	0.8	80 000	—	1 000 000	10
三等品	60 000	12	0.6	36 000	—	450 000	7.5
合　计	200 000	—		156 000	12.5	1 950 000	—

第二节　定额法

品种法、分批法、分步法和分类法下，生产费用的日常核算，都是事后进行的，其按照实际发生额进行，产品的实际成本也都是根据实际生产费用计算的。因此，生产费用和产品成本脱离定额的差异及其发生的原因，只有在月末通过实际资料与定额资料的对比、分析才能得到，这样的差异信息只能用于评价过去，借鉴未来。为了改变事后提供信息的被动局面，可以采用定额法计算产品成本，在计算的同时，也进行事中成本控制。

一、定额法的特点及适用范围

定额法是以事先制定的产品定额成本为标准，在生产费用发生时，就及时提供实际发生的费用脱离定额耗费的差异定额，让管理者及时采取措施，控制生产费用的发生额，并且根据定额和差异额计算产品实际成本的一种成本计算和控制方法。其主要特点如下：

(1) 事前制定产品的消耗定额、费用定额和定额成本作为降低成本的目标。

(2) 成本计算的对象是企业的完工产品或半成品，成本计算期间是每月的会计报告期。

(3) 产品的实际成本是以定额成本为基础，由定额成本、定额差异和定额变动三部分相加而组成。在生产费用发生的当时，就将符合定额的费用和发生的差异分别核算，以加强对成本差异的日常核算、分析和控制。月末，在定额成本的基础上，加减各种成本差异，计算产品的实际成本，为成本的定期考核和分析提供数据。

采用定额法必须事先制定定额成本，及时核算定额差异和定额变动，因而适用于管理制度健全、成本核算人员素质较高的企业。具体说，适用于已制定一整套完整的定额管理制度，产品定型，各项生产费用消耗定额稳定、准确，财会人员基本知识、基本技能较强的企业。

二、定额法的成本计算程序

定额法成本计算要事先制定科学合理的定额，生产费用汇总和分配中的每一步都要分别定额成本、定额差异和定额变动来进行，具体的计算程序如下。

1. 制定定额成本

定额成本是根据现行消耗定额和计划单位成本计算的，计算公式如下：

某产品直接材料定额成本 = 该产品材料消耗定额 × 材料计划单位成本

某产品直接工资定额成本 = 该产品工时定额 × 计划小时工资率

某产品制造费用定额成本 = 该产品工时定额 × 计划小时费用率

某产品的定额成本 = 直接材料定额成本 + 直接工资定额成本 + 制造费用定额成本

定额成本一般是通过编制“定额成本计算表”的方式进行的。企业的具体情况不同，其“定额成本核算表”的编制方法也不一样。它主要受产品结构、产品零部件的多少等因素的影响。产品定额成本编制的依据主要是产品的现行工艺规程，产品的材料、燃料、动力、工时等的消耗定额；材料、燃料、动力的计划单价；计划小时工资率或计件单价以及制造费用预算等。

产品的定额成本与企业制定的计划成本不同，虽然两者都是以定额为基础进行计算的，但还是有较大的区别，主要表现在计算的依据和用途的不同。定额成本计算的依据是现行消耗定额和费用预算，主要用于企业内部进行成本控制和成本考核，在现有技术条件下，它能反映企业当前应达到的成本水平，同时，又能衡量企业成本费用是节约了还是超支了。随着生产条件的变化，劳动生产率的提高，应随时对定额成本进行修改，使之与当前的水平相适应。而计划成本计算的主要依据是计划期内平均先进的消耗定额和费用预算，该指标反映企业在计划期内应达到的成本水平，其主要用途是为了进行成本考核，为企业进行经济预测和决策提供资料。在整个计划期内，计划成本一般不进行修改，因而不必经常核算，只有在变动时，才进行核算。

2. 脱离定额差异的核算

脱离定额差异是指在生产过程中各项实际生产费用脱离现行定额或预算的差异，它反映了各项生产费用支出的合理程度和现行定额的执行情况。企业应及时对定额差异进行核算，以便控制生产费用的发生，降低产品成本。对于脱离定额差异，一般是按成本项目进行计算的。

(1) 直接材料脱离定额差异的核算

直接材料脱离定额差异的核算一般采用如下三种方法。

(a) 限额领料法

限额领料法是根据企业制定的材料消耗定额来核算材料脱离定额差异的一种方法。企业应根据产品定额计算表中所确定产品材料消耗定额，编制“限额领料单”交给各单位，按限额领料单中所规定的限额领料。这样，在限额领料单的限额内领料，可控制材料的消耗量。凡是超过限额的领料，应设置专门的超额领料单等差异凭证。月末时，将限额领料单内的材料余额和各种差异凭证进行汇总，即可以算出定额差异。公式如下：

某产品直接材料脱离定额的差异＝(该产品材料实际耗用量－该产品材料定额耗用量)×材料计划单位成本

采用限额领料时，应注意的是领料差异与耗用差异有时并不完全一致。有时领到车间的材料并未耗用，有时还有期初余额。因此，应按下式计算本期直接材料的实际耗用量：

本期直接材料实际耗用量＝本期领用材料数量＋期初结余材料数量－期末结余材料数量

(b) 整批分割法

采用整批分割法时，是按切割材料的批别设置“材料切割单”进行的。在“材料切割单”内，应详细填明送交切割材料的名称、数量、成材率、消耗定额、应切割成毛坯数量等资料。在材料切割完成后，根据实际切割成毛坯数量进行比较，计算出材料脱离定额差异，并将差异数额填入材料切割单内，同时注明产生差异的原因。

采取整批分割法的优点是能及时反映和控制材料的耗用情况，但是材料切割单的填制工作量很大，因而只适用于按批核算材料定额差异的一些贵重材料。

(c) 盘存法

盘存法是根据定期盘点的方法来计算材料的定额消耗量和脱离定额差异的方法，计算的时间可以是每天，也可以是每周或每旬。这种方法的核算程序是，首先用本期完工产品数量加上期末在产品的数量，减去期初在产品的数量，计算出本期投产数量。其中期末在产品数量是根据盘存数量(或账面数量)计算的；其次，根据材料的消耗定额，计算出产品材料的定额消耗量；然后，根据材料的定额领料凭证、差异凭证及车间的盘存资料，计算出产品的材料实际消耗量；最后，将产品的实际消耗量和定额消耗量进行比较，计算出材料脱离定额的差异。

在按盘存法核算定额差异时，应尽量缩短材料定额差异的核算期，只有这样，才能及时地揭露出差异，控制材料的消耗，找出产生差异的原因，提出进一步改进的措施。同时，能将差异的核算工作分散在平时进行，有利于核算工作的及时性。

(2) 直接人工费用脱离定额差异的核算

直接人工脱离定额差异的核算，由于企业所采用的工资形式的不同，其核算方法也不一样。如果企业采用计件工资形式，则按计件单价计算支付的工资都是定额工资，登记在产量记录中。脱离定额的差异，经审批后，应登记在工资补付单等差异凭证中。如果生产工人的工资不是直接记入产品成本中，其定额差异可按下式计算：

某产品生产工人工资脱离定额的差异 = 该产品实际直接人工费用 −(该产品实际产量 × 单位产品直接人工费用定额)

若生产工人工资是根据实际工时比例分配计入产品成本的，其差异额可按下式计算：

某产品直接人工费用脱离定额的差异 = (该产品实际产量的实际生产工时 × 实际单位小时工资) − 该产品实际产量的定额生产工时 × 计划单位小时工资

实际单位小时工资 = 某车间实际生产工人工资总额 / 某车间实际生产工时总额

计划单位小时工资 = 某车间计划产量的定额生产工人工资总额 / 某车间计划产量的定额生产工时总数

(3) 制造费用及其他费用脱离定额差异的核算

制造费用属于间接费用，不能在费用发生时直接按产品确定其脱离定额的差异，而只能根据月份的费用计划，按照费用发生地点和费用项目，核算脱离定额差异，据以对费用发生进行控制和监督。故这项差异一般在月末实际费用分配到产品之后才能确定。差异的计算公式如下：

某车间制造费用脱离定额的差异 = 该产品实际制造费用
－(该产品实际产量的定额工时
×计划小时制造费用)

工资费用和制造费用的脱离定额差异都有工时差异和小时分配率差异两个因素的影响，因此，要使这两项费用定额的差异不断降低，不仅要控制实际费用总额，而且还要降低工时的消耗。

对于生产过程中所发生的废品损失，采用废品通知单和废品计算表的方式单独反映。其中不可修复废品的成本可按定额成本计算，因此定额成本中不包括废品损失和停工损失，全部作为定额差异处理。

计算出脱离定额差异后，应采用不同的方法进行处理。若期末在产品数量较少，为了简化成本核算工作，可将脱离定额差异全部计入完工产品的成本中；如果期末在产品的数量变动较大，则脱离定额差异应按完工产品和在产品的定额成本的比例，在完工产品和在产品之间进行分配，计算公式如下：

脱离定额差异分配率 = 定额差异合计 /(完工产品定额成本 + 在产品定额成本)

完工产品应分摊的脱离定额差异 = 完工产品定额成本 × 脱离定额差异分配率

在产品应分摊的脱离定额差异 = 在产品定额成本 × 脱离定额差异分配率
= 脱离定额差异合计 － 完工产品应分摊的脱离定额差异

通过将产品的各项生产费用都分别计算出符合定额费用的部分和脱离定额差异后，产品的实际成本可由下式计算而得：

产品的实际成本 = 产品定额成本 +(－) 脱离定额差异

3. 材料成本差异的分配

在采用定额法计算产品成本的企业中，为了便于对产品成本进行考核和分析，材料的日常核算都应按计划成本进行。因此，日常所发生的直接材料费用，包括直接材料定额费用和脱离定额差异，都是按照直接材料的计划单位成本计算的。直接材料的定额费用是定额消耗量乘以计划单位成本；直接材料脱离定额差异是消耗量差异乘以计划单位成本。也就是说，前述的直接材料脱离定额差异，是按计划单位成本反映的数量差异，即量差。因此，在月末计算产品的实际直接材料费用时，还必须考虑直接材料应负担的成本差异问题，即所耗直接材料的价差。其计算公式如下：

某产品应分配的直接材料差异 =［该产品直接材料定额成本
+(－) 直接材料脱离定额差异］
× 直接材料成本差异分配率

各种产品应分配的材料成本差异一般均由各该产品的完工成本负担，月末在产品不再负担。

在多步骤生产中采用定额法的情况下，若逐步结转半成品成本，则半成品的日常核算也应按计划成本或定额成本进行。在月末计算产品实际成本时，也应比照直接材料差异的分配方法，计算产品所耗半产品的成本差异。计算公式如下：

产品实际成本 = 按规定定额计算的产品定额成本
＋(－) 脱离定额差异
＋(－) 直接材料或半成品成本差异

4. 定额变动差异的核算

所谓定额变动差异是指因修订消耗定额或生产耗费的计划价格而产生的新旧定额之间的差额。定额变动差异和脱离定额差异是不同的。定额变动差异是定额本身变动的结果，它与生产中费用支出的节约或浪费无关；而脱离定额的差异则反映生产费用支出符合定额的程度。

消耗定额和定额成本一般是在月初、季初或年初定期进行修订。在定额变动的月份，其月初在产品的定额成本并未修订，它仍然是按照旧定额计算的，因此，为了按旧定额计算的月初在产品定额成本和按新定额计算的本月投入产品的定额成本，在新定额的同一基础上相加起来，应该计算月初在产品的定额变动差异，以调整月初在产品的定额成本。

月初在产品定额变动差异，可以根据定额发生变动的在产品盘存数量或在产品账面结存数量和修订前后的消耗定额，计算出月初在产品消耗定额修订前和修订后的定额消耗量，进而确定定额变动差异。在构成产品的零部件种类较多的情况下，采用这种方法按照零部件和工序进行计算，工作量就会很大。为了简化计算工作，也可以按照单位产品费用的折算系数进行计算。即将按新旧定额所计算出的单位产品费用进行对比，求出系数，然后根据系数，进行计算，公式如下：

系数 = 按新定额计算的单位产品费用 / 按旧定额计算的单位产品费用

月初在产品定额变动差异 = 按旧定额计算的月初在产品费用 × (1 － 系数)

采用系数法来计算月初在产品定额变动差异虽然较为简单，但是由于系数是按照产品的零部件计算的，因而它只适用于零部件成套生产或零部件成套性较大的情况下采用。

各种消耗定额的变动，一般表现为不断下降的趋势，因而月初在产品定额变动差异，通常表现为月初在产品定额成本的降低。在这种情况下，一方面应从月初在产品定额成本中扣除该项差异；另一方面，由于该项差异是月初在产品生产费用的实际支出，因此应将该项差异计入本月产品成本。相反，若消耗定额不是下降，而是提高，那么，在计算出定额变动差异后，应将此差异加入月初在产品定额成本之中，同时从本月产品成本中予以扣除，因为实际上并未发生这部分支出。故定额变动差异的产生，并不影响生产费用总额的增加或减少。

在有月初在产品定额变动差异时，产品实际成本的计算公式应补充为：

产品实际成本＝按现行定额计算的产品定额成本
＋(－)脱离现行定额的差异＋(－)直接材料或半成品成本差异
＋(－)月初在产品定额变动差异

定额变动差异一般应按照定额成本比例，在完工产品和月末在产品之间进行分配。因为这种差异不是当月工作的结果，不应全部计入当月完工产品成本。但是，若定额变动差异数额较小，或者月初在产品本月全部完工，那么，定额变动差异也可以全部由完工产品负担，月末在产品不再负担。

5. 定额法举例

[**例7-8**]　某企业生产甲产品，采用定额法计算产品成本。月初在产品20件，月初在产品有关资料如表7-12所示。

表7-12　月初在产品资料

单位：元

成本项目	产量(件)	消耗定额	计划单价(元/件)	定额成本	脱离定额差异	定额变动差异
直接材料	20	140(kg)	4.50	12 600	+1 600	+300
直接工资	20	160(h)	0.36	1 152	−240	
制造费用	20	160(h)	0.24	768	−160	
合　　计				14 520	+1 200	+300

自本月初起，直接材料的消耗定额由140 kg降低为125 kg，工时由160 h降低为150 h。本月份甲产品应分配的直接材料费用为52 500元，材料成本差异率为−1%，直接工资为5 000元，制造费用为3 400元。本月投产100件，月末完工90件。

根据上述资料，按定额法计算甲产品成本的结果如下。

月初在产品定额变动差异的计算：

$$直接材料定额变动差异=(125-140)\times 4.50\times 20=-135(元)$$
$$直接工资定额变动差异=(150-160)\times 0.36\times 20=-72(元)$$
$$制造费用定额变动差异=(150-160)\times 0.24\times 20=-48(元)$$

本月投产产品定额成本的计算：

$$直接材料定额成本=125\times 100\times 4.50=56\,250(元)$$

$$直接工资定额成本 = 150 \times 100 \times 0.36 = 5\,400(元)$$

$$制造费用定额成本 = 150 \times 100 \times 0.24 = 3\,600(元)$$

脱离定额差异的计算：

$$直接材料脱离定额差异 = 52\,500 - 56\,250 = -3\,750(元)$$

$$应分配的材料成本差异 = (56\,250 - 3\,750) \times (-1\%) = -525(元)$$

$$直接材料定额差异合计 = -3\,750 - 525 = -4\,275(元)$$

$$直接工资脱离定额差异 = 5\,000 - 5\,400 = -400(元)$$

$$制造费用脱离定额差异 = 3\,400 - 3\,600 = -200(元)$$

根据上述结果，可编制“产品成本计算单”，如表 7－13 所示。

在表 7－13 中，完工产品定额成本的计算结果如下：

$$直接材料定额成本 = 90 \times 125 \times 4.50 = 50\,625(元)$$

$$直接工资定额成本 = 90 \times 150 \times 0.36 = 4\,860(元)$$

$$制造费用定额成本 = 90 \times 150 \times 0.24 = 3\,240(元)$$

其余指标的计算均在表中列明，不再重述。

表 7－13　产品成本计算单(定额法)

单位：元

成本项目	月初在产品成本		月初在产品定额变动		本月生产费用			生产费用累计			
	定额成本	脱离定额差异	定额成本调整	定额变动差异	定额成本	脱离定额差异	直接材料成本差异	定额成本	脱离定额差异	直接材料成本差异	定额变动差异
	①	②	③	④	⑤	⑥	⑦	⑧：①＋③＋⑤	⑨：②＋⑥	⑩：⑦	⑪：④
直接材料	12 600	1 600	−135	435	56 250	−3 750	−525	68 715	−2 150	−525	435
直接人工	1 152	−240	−72	72	5 400	−400		6 480	−640		72
制造费用	768	−160	−48	48	3 600	−200		4 320	−360		48
成本合计	14 520	1 200	−255	555	65 250	−4 325		79 515	−3 150	−525	555

续　表

成本项目	差异分配率		本月产成品成本				月末在产品成本		
	脱离定额差异	定额变动差异	定额成本	脱离定额差异	定额变动差异	实际成本	定额成本	脱离定额差异	定额变动差异
	⑫：(⑨＋⑩)/⑧	⑬：⑪/⑧	⑭	⑮：⑭×⑫	⑯：⑭×⑬	⑰：⑭＋⑮＋⑯	⑱：⑧－⑭	⑲：⑱×⑫	
直接材料	－0.039	0.006	50 625	－1 971	320	48 975	18 090	－704	115
直接人工	－0.099	0.011	4 860	－480	54	4 434	1 620	－160	18
制造费用	－0.083	0.011	3 240	－270	36	3 006	1 080	－90	12
成本合计			58 725	－2 721	410	56 415	20 790	－954	145

第三节　标准成本法

一、标准成本法概述

(一) 标准成本法的特点

标准成本法是一种与实际成本法相对应的成本计算方法。在实际成本法下，产品成本是以生产过程中实际耗费的各种费用来计算的；而在标准成本法下，产品成本是以标准成本来计算的。严格地讲，标准成本法并不是一种单纯的成本计算方法，而是一个由标准成本制定、成本差异分析和成本差异处理三部分组成的完整系统，其更重要的是被用于加强成本控制和管理。

标准成本法可以同完全成本法结合使用，也可以同变动成本法结合使用。实践中一般是将它与完全成本法结合使用，本节也只就这种情况对其作一简要的介绍。

(二) 标准成本

所谓标准成本，是在充分调查、分析和技术测定的基础上，根据企业现已达到的技术水平所确定的企业在有效经营条件下生产某种产品所应当发生的成本。它是目标成本的一种，可以作为控制成本开支、评价实际成本、衡量成本控制业绩的依据。

准确地讲，“标准成本”一词有两种含义：

(1) 指“单位产品的标准成本”，亦称“成本标准”，是一个单位的概念，它是根据单位产品的标准消耗量和标准单价计算出来的，其计算公式为：

单位产品标准成本 = 单位产品标准消耗量 × 标准单价

(2) 指“实际产量的标准成本”，是一个总量的概念，它是根据实际产量和单位产品的标准成本计算出来的，其计算公式为：

实际产量的标准成本 = 实际产量 × 单位产品标准成本

标准成本按其制定的基础不同，可分为理想标准成本、正常标准成本和现实标准成本。

理想标准成本是以现有生产技术和经营管理处于最优状态为基础所确定的最低水平的成本。它是根据理论上的生产要素耗用量、最理想的生产要素价格和最高的生产经营能力利用程度所制定的标准成本。由于这种标准成本要求过高，现实中往往难于达到，故在实际中很少采用。

正常标准成本是根据正常的耗用水平、正常的价格和正常的生产经营能力利用程度制定的标准成本。这种标准成本，是根据以往一段时期实际成本的平均值，剔除其中生产经营活动中的异常因素，并考虑今后的变动趋势所制定的。由于这是一种经过努力可以达到的成本，并在生产技术和经营管理条件没有较大变动的情况下，可以不必修订而继续使用，因而在实际工作中得到广泛应用。

现实标准成本是在现有生产技术条件下和有效经营管理的基础上，根据下一期最可能发生的生产要素耗用量、生产要素价格和生产经营能力利用程度制定的标准成本，亦称可达到标准成本。这种标准成本可以包括管理当局认为一时还不能避免的某些低效失误和超量消耗。由于它最切实可行，最接近实际成本，因此既可用于成本控制，也可用于存货计价。在经济形势变化无常的情况下，现实标准成本最为适用。

二、标准成本的制定

产品的生产成本，包括产品在生产过程中耗用的直接材料、直接人工和制造费用三大部分，因此，标准成本的制定也是按这三个成本项目分别进行的。其基本形式是以“数量”标准乘以“价格”标准求得，即分别根据直接材料、直接人工的标准用量、材料价格标准、人工工资率标准和制造费用分配率标准进行具体计算。其中，“数量”标准主要是由工程技术部门研究确定的；“价格”标准是由会计部门会同有关责任部门研究确定的。同时，标准的制定，应让标准成本的执行者共同参与，这样，才能使制定出来的标准成本既不偏高，也不偏低，充分发挥其应有的激励作用。下面按三个成本项目分别说明标准成本的制定。

(一) 直接材料标准成本的制定

直接材料的标准成本等于单位产品所耗用的各种材料的数量标准和价格标准的乘积之和，既直接材料标准成本 = $\sum$(各种材料耗用量标准 × 各种材料价格标准)。其中，数量标准是指现有生产技术条件下生产单位产品所需要的各种材料的消耗量，一般由工艺部门在熟悉构成产品的原材料的生产人员的帮助下来加以制定。价格标准是指事先确定的购买材料应付的标准价格，包括购价和运杂费等，按各种材料分别确定。制定价格标准时，应当充分研究市场环境及其发展趋势、供应厂商的报价和最佳采购批量。由于采购部门往往要对材料价格差异负责，因此，他们应参与材料价格标准的制定。

（二）直接人工标准成本的制定

在计件工资形式下，直接人工的标准成本就是计件单价。在计时工资形式下，直接人工的标准成本等于单位产品的工时耗用量标准与工资率标准之积。即直接人工标准成本＝工时耗用量标准×工资率标准。其中，数量标准就是在现有生产技术条件下生产单位产品所需要的工作时间，一般可通过生产记录或时间和动作研究的方法来确定。价格标准是指工资率标准，即每一标准工时应分配的工资。由于涉及人的因素，制定直接人工标准成本要比制定直接材料标准成本更为困难，有许多因素会引起生产率差异，如人的健康状态、上下级及同事之间的关系和其他心理因素等。在制定直接人工标准成本时，这些因素及员工的技能和资历是重要的考虑因素。

（三）制造费用标准成本的制定

制造费用标准成本等于单位产品的直接人工小时（或其他分配基础）乘以制造费用分配率标准。其中生产单位产品的直接人工小时（或其他分配基础）为数量标准，制造费用分配率标准为价格标准。制造费用分配率标准取决于两个因素：① 生产量标准，指企业充分利用现有生产能力可能达到的最高生产量。由于企业往往不只生产一种产品，计量单位不统一，因此，生产量标准通常用直接人工小时或机器小时等来表示。② 制造费用预算，包括变动制造费用预算和固定制造费用预算。制造费用标准成本的计算公式如下：

$$\text{固定制造费用分配率标准}=\frac{\text{固定制造费用预算额}}{\text{标准总工时（总机时等）}}$$

$$\text{变动制造费用分配率标准}=\frac{\text{变动制造费用预算额}}{\text{标准总工时（总机时等）}}$$

$$\text{制造费用标准成本}=\text{生产单位产品的工时标准（机时标准等）}\times\left(\text{固定制造费用分配率标准}\times\text{变动制造费用分配率标准}\right)$$

将上述的直接材料标准成本、直接人工标准成本和制造费用标准成本加以汇总，就可求得单位产品的标准成本，即：

$$\text{单位产品标准成本}=\text{直接材料标准成本}+\text{直接人工标准成本}+\text{制造费用标准成本}$$

三、成本差异的计算分析

成本差异是指实际成本与标准成本之间的差额。实际成本低于标准成本所形成的差异称为顺差、有利差异或成本节约;实际成本超过标准成本所形成的差异,称为逆差、不利差异或成本超支。

成本差异包括直接材料成本差异、直接人工成本差异和制造费用差异三部分。制造费用差异还可进一步分为变动制造费用差异和固定制造费用差异。

会计人员不仅要计算这些成本差异,而且要认真分析差异形成的原因,以便及时采取措施消除不利差异,并为成本控制和成本考核提供比较详细的信息。

(一) 直接材料成本差异的计算分析

直接材料成本差异是指一定产量的产品的直接材料实际成本与标准成本之间的差额。其计算公式为:

直接材料成本差异 = 直接材料实际成本 − 直接材料标准成本

= 实际价格 × 实际用量 − 标准价格 × 标准用量

其中,

标准用量 = 实际产量 × 单位产品材料耗用量标准

直接材料成本差异,是由直接材料价格差异和直接材料用量差异两部分组成的。其中,直接材料价格差异,是指由于材料实际价格脱离标准价格而形成的材料成本差异。其计算公式为:

直接材料价格差异 = 实际价格 × 实际用量 − 标准价格 × 实际用量

= (实际价格 − 标准价格) × 实际用量

直接材料用量差异,是指由于材料的实际耗用量脱离标准耗用量而形成的直接材料成本差异。其计算公式为:

直接材料用量差异 = 标准价格 × 实际用量 − 标准价格 × 标准用量

= 标准价格 × (实际用量 − 标准用量)

对上面的公式可归纳如下:

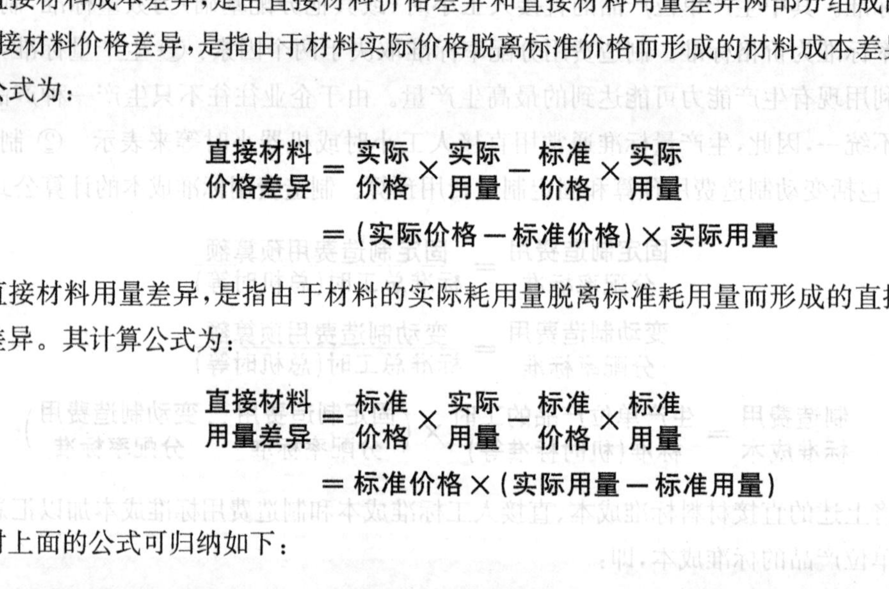

计算出差异后,应进一步查明原因,落实责任。

材料价格差异的产生，有很多原因，如供应单位和供应价格的变化、采购批量的变动、材料质量的变化、紧急订货等。一般说来，材料的价格差异应由采购部门负责。但如果由于市场供求关系变化所引起的材料价格变动，则超出了采购部门的控制范围；又如由于生产上的临时需要而进行小批量采购或紧急采购，因不能享受数量折扣或改变运输方式而引起的不利价格差异，也不应由采购部门负责，而应由造成这种情况的有关部门负责。

材料用量差异的产生，也有各种原因，如产品设计和工艺的变更、材料质量和规格的变化、废品率的变化、工人技术操作水平的高低变化和责任心强弱变化等。材料的用量差异一般应由控制用料的生产部门负责。但如因材料质量低劣而增加了废品，或因材料不符合要求而大材小用等原因而引起的不利用量差异，则应由采购部门负责。

总之，在进行直接材料成本差异分析，划分责任归属时，应从实际出发，具体情况具体分析。

(二) 直接人工成本差异的计算分析

直接人工成本差异是指一定产量的产品的直接人工实际成本与标准成本之间的差额。其计算公式为：

$$\begin{aligned}\text{直接人工成本差异} &= \text{实际工资} - \text{标准工资}\\ &= \text{实际工资率} \times \text{实际工时} - \text{标准工资率} \times \text{标准工时}\end{aligned}$$

其中，

$$\text{标准工时} = \text{单位产品工时耗用标准} \times \text{实际产量}$$

直接人工成本差异，是由直接人工工资率差异和直接人工效率差异两部分组成的。其中，直接人工工资率差异，是指由于直接人工的实际工资率脱离标准工资率而形成的直接人工成本差异。

$$\begin{aligned}\text{直接人工工资率差异} &= \text{实际工资率} \times \text{实际工时} - \text{标准工资率} \times \text{实际工时}\\ &= (\text{实际工资率} - \text{标准工资率}) \times \text{实际工时}\end{aligned}$$

直接人工效率差异，是指由于直接人工实际工时数脱离标准工时数而形成的直接人工成本差异。其计算公式为：

$$\begin{aligned}\text{直接人工效率差异} &= \text{标准工资率} \times \text{实际工时} - \text{标准工资率} \times \text{标准工时}\\ &= \text{标准工资率} \times (\text{实际工时} - \text{标准工时})\end{aligned}$$

对上面的公式可归纳如下：

实际工资率 × 实际工时　　标准工资率 × 实际工时　　标准工资率 × 标准工时
(1)　　(2)　　(3)

(1) − (2) = 人工工资率差异　　(2) − (3) = 人工效率差异

(1) − (3) = 人工成本差异

计算出直接人工成本差异后，要进一步分析差异形成的原因，落实差异的责任归属。工资率差异产生的原因主要有工资的调整、对工人安排和使用的变更、出勤率的变化等。工资率差异通常由劳动人事部门或生产部门负责。产生人工效率差异的原因主要有工人技术熟练程度和责任感、动力供应情况、材料的质量和供应的及时性、加工设备的完好程度、作业计划安排的周密性、工作环境等。人工效率差异基本上应由生产部门负责，也可能有一部分应由其他部门负责。例如，由于材料质量低劣而影响生产效率，从而产生的不利人工效率差异，就应该由采购部门负责。

(三) 制造费用差异的计算分析

制造费用包括变动制造费用和固定制造费用两部分，所以，制造费用差异的计算分析也应按变动制造费用差异和固定制造费用差异分别进行。

1. 变动制造费用差异的计算分析

变动制造费用差异是指一定产量的产品的实际变动制造费用同标准变动制造费用之间的差额。其计算公式为：

$$\begin{array}{l}\text{变动制造费用差异} = \text{实际变动制造费用} - \text{标准变动制造费用}\\ \qquad = \text{实际分配率} \times \text{实际工时} - \text{标准分配率} \times \text{标准工时}\end{array}$$

变动制造费用差异，由变动制造费用耗费差异和变动制造费用效率差异两部分组成。在成本差异分析中，变动制造费用耗费差异类似于材料价格差异和直接人工工资率差异；变动制造费用效率差异类似于材料用量差异和直接人工效率差异。其计算公式为：

$$\begin{array}{l}\text{变动制造费用耗费差异} = \text{实际分配率} \times \text{实际工时} - \text{标准分配率} \times \text{实际工时}\\ \qquad = (\text{实际分配率} - \text{标准分配率}) \times \text{实际工时}\end{array}$$

$$\begin{array}{l}\text{变动制造费用效率差异} = \text{标准分配率} \times \text{实际工时} - \text{标准分配率} \times \text{标准工时}\\ \qquad = \text{标准分配率} \times (\text{实际工时} - \text{标准工时})\end{array}$$

上面的公式可归纳如下：

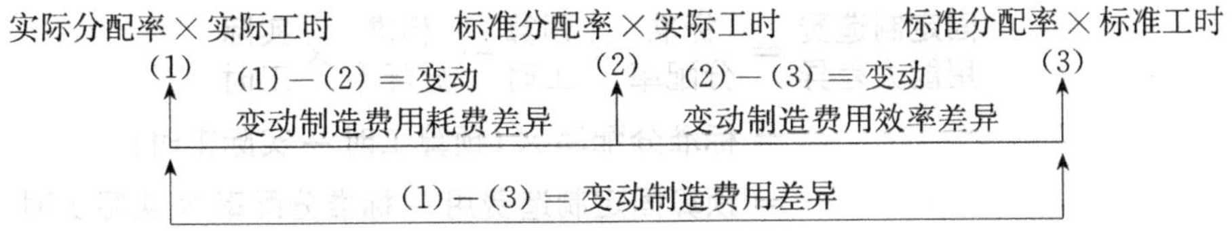

变动制造费用是一个综合性费用项目。对其差异的分析，应结合构成变动制造费用的具体明细项目作进一步深入的分析。在实际工作中，一般根据变动制造费用的弹性预算的明细项目，结合同类项目的实际发生数，进行对比分析，从而找出差异的原因及责任归属。

2. 固定制造费用差异的计算分析

固定制造费用差异是指一定期间的实际固定制造费用与标准固定制造费用之间的差额。其计算公式为：

$$\text{固定制造费用差异}=\text{实际固定制造费用}-\text{标准固定制造费用}$$

$$=\text{实际分配率}\times\text{实际工时}-\text{标准分配率}\times\text{标准工时}$$

上式中的固定制造费用实际分配率和标准分配率，应分别根据以下两式求得：

$$\text{固定制造费用标准分配率}=\frac{\text{预算固定制造费用}}{\text{预算工时}}$$

$$\text{固定制造费用实际分配率}=\frac{\text{实际固定制造费用}}{\text{实际工时}}$$

固定制造费用差异的组成，主要有三分法（也称三差异法）和两分法（也称两差异法）两种。所谓三分法，就是把固定制造费用差异分为固定制造费用开支差异、能力差异和效率差异三部分；所谓两分法，就是把固定制造费用差异分为固定制造费用开支差异和能力差异，即把三分法中的能力差异和效率差异合并为能力差异。下面介绍三分法。

在相关范围内，固定制造费用总额是固定不变的。为了计算固定制造费用标准分配率，必须设定一个预算工时作为分母。当实际工时小于预算工时，说明企业生产能力利用程度未达到预算规定的水平；反之则说明企业生产能力利用程度超过了预算规定的水平。这种由于实际工时和预算工时之间的差异而造成的固定制造费用差异，就是固定制造费用能力差异。因此，固定制造费用差异除了像变动制造费用差异那样包括开支差异和效率差异外，还包括能力差异。其计算公式如下：

$$\text{固定制造费用开支差异}=\text{实际分配率}\times\text{实际工时}-\text{标准分配率}\times\text{预算工时}$$

$$=\text{实际固定制造费用}-\text{预算固定制造费用}$$

$$\text{固定制造费用能力差异} = \text{标准分配率} \times \text{预算工时} - \text{标准分配率} \times \text{实际工时}$$

$$= \text{标准分配率} \times (\text{预算工时} - \text{实际工时})$$

$$= \text{预算固定制造费用} - \text{标准分配率} \times \text{实际工时}$$

$$\text{固定制造费用效率差异} = \text{标准分配率} \times \text{实际工时} - \text{标准分配率} \times \text{标准工时}$$

$$= \text{标准分配率} \times (\text{实际工时} - \text{标准工时})$$

$$\text{固定制造费用差异} = \text{固定制造费用开支差异} + \text{固定制造费用能力差异} + \text{固定制造费用效率差异}$$

固定制造费用开支差异的发生主要是因为资源价格的变动(如工资率、税率的变动)、酌量性固定成本(广告费、职工培训费等)的变动、资源数量比预算数量的增减变动、计入本期成本的预提和待摊费用变化等。固定制造费用能力差异主要是由产销量引起的。如经济不景气、产品定价过高、材料供应不足和停电等原因造成销路不足或生产能力利用不充分。形成固定制造费用效率差异的原因与形成直接人工效率差异的原因相同。不论以上哪一种差异,均应具体情况具体分析,正确地落实责任归属。

(四) 成本差异计算分析举例

[例 7-9] N公司生产A产品需用甲、乙两种直接材料,标准价格分别为6元/kg、12元/kg,单位产品的标准用量分别为15 kg/件、10 kg/件;本期共生产A产品500件,实际消耗甲材料8 000 kg、乙材料4 500 kg,甲、乙两种材料的实际价格分别为5元/kg、13元/kg。实际耗用4 000 h,实际工资总额11 000元;标准工资率为3元/h,单位产品的工时耗用标准为7 h。实际发生了变动制造费用16 000元,变动制造费用的标准分配率为3.8元/h。本期预算固定制造费用为33 600元,预算工时为4 200 h,实际固定制造费用36 000元。则有关成本差异可计算分析如下:

(1) 直接材料成本差异

甲材料价格差异 $= (5-6) \times 8\ 000 = -8\ 000$(元)　　(有利差异)

乙材料价格差异 $= (13-12) \times 4\ 500 = 4\ 500$(元)　　(不利差异)

A产品直接材料价格差异　　$-3\ 500$(元)　　(有利差异)

甲材料标准用量 $= 15 \times 500 = 7\ 500$(kg)

乙材料标准用量 $= 10 \times 500 = 5\ 000$(kg)

甲材料用量差异 $= 6 \times (8\ 000 - 7\ 500) = 3\ 000$(元)　　(不利差异)

乙材料用量差异 $= 12 \times (4\ 500 - 5\ 000) = -6\ 000$(元)　　(有利差异)

A产品直接材料用量差异　　$-3\ 000$(元)　　(有利差异)

A产品直接材料成本差异 $= -3\ 500 + (-3\ 000)$

$= -6\ 500$(元)(有利差异)

(2) 直接人工成本差异

标准工时 = 7 × 500 = 3 500(h)

实际工资率 = $\frac{11\,000}{4\,000}$ = 2.75(元/h)

直接人工工资率差异 = (2.75 − 3) × 4 000 = −1 000(元)		(有利差异)
直接人工效率差异 = 3 × (4 000 − 3 500) = 1 500(元)		(不利差异)
直接人工成本差异	500(元)	(有利差异)

(3) 变动制造费用差异

标准工时 = 7 × 500 = 3 500(h)

变动制造费用实际分配率 = $\frac{16\,000}{4\,000}$ = 4(元/h)

变动制造费用耗费差异 = (4 − 3.8) × 4 000 = 800(元)		(不利差异)
变动制造费用效率差异 = 3.8 × (4 000 − 3 500) = 1 900(元)		(不利差异)
变动制造费用差异	2 700(元)	(不利差异)

(4) 固定制造费用差异

固定制造费用标准分配率 = 33 600 ÷ 4 200 = 8(元/h)

固定制造费用实际分配率 = 36 000 ÷ 4 000 = 9(元/h)

固定制造费用开支差异 = 36 000 − 33 600 = 2 400(元)(不利差异)

固定制造费用能力差异 = 8 × (4 200 − 4 000) = 1 600(元)(不利差异)

固定制造费用效率差异 = 8 × (4 000 − 3 500) = 4 000(元)(不利差异)

固定制造费用差异 = 2 400 + 1 600 + 4 000 = 8 000(元)(不利差异)

或固定制造费用差异 = 实际固定制造费用 − 标准固定制造费用

= 36 000 − 8 × 3 500

= 8 000(元)(不利差异)

四、成本差异的账务处理

在标准成本法下，成本差异的账务处理具有以下特点。

1. 材料、在产品、产成品的日常核算都是按标准成本计价，实际成本与标准成本的差额均计入有关的差异账户。一般设立“材料数量差异”“材料价格差异”“直接人工工资率差异”“直接人工效率差异”“变动制造费用耗费差异”“变动制造费用效率差异”“固定制造费用开支差异”“固定制造费用能力差异”和“固定制造费用效率差异”九个成本差异账户。各种不利差异，应分别记有关差异账户的借方；各种有利差异，应分别记有关差异账户的贷方。

根据差异的确认时间的不同，材料价格差异的处理有两种方法。第一种方法是：在购入材料时就计算其价格差异，将材料的标准成本记入"材料"账户，而将其价格差异记入"材料价格差异"账户。在这种情况下，"材料价格差异"账户核算的是购入材料的价格差异。第二种方法是：购入材料时将其实际成本记入"材料"账户，生产领用材料时才计算价格差异，将领用材料的标准成本由"材料"账户转入"在产品"账户，而将价格差异由"材料"账户转入"材料价格差异"账户。在这种情况下，"材料价格差异"账户核算的是领用材料的价格差异。在下面的举例中，对于材料价格差异的核算采用第二种方法。

2. 会计期末对成本差异进行处理。采用标准成本法，期末要对各种成本差异进行处理，结清各个成本差异账户。成本差异的期末处理方法有以下两种。

(1) 将本期的各种成本差异，按一定的比例分配给期末在产品、期末库存产成品和本期已售产品。分配比例一般按期末在产品、期末库存产成品和本期已售产品的标准成本确定。这样分配差异后，资产负债表中的存货项目(在产品和产成品存货)和利润表中的产品销售成本均反映的是实际成本。

(2) 将本期发生的各种差异全部计入当期损益。在这种处理方法下，资产负债表中的"在产品"和"产成品"项目只反映标准成本。采用这种方法的理由是：本期发生的成本差异是本期成本控制的功过，应当全部体现在本期的损益之中，只有这样，才能使各期的利润如实地反映各期生产经营工作的绩效；标准成本才是真正的正常成本，所以，期末资产负债表中的在产品和产成品存货项目以标准成本反映更能如实地体现资产的价值；简化了成本核算的手续。但如果成本标准已经陈旧过时，那么，采用这种方法就会使会计报表反映失实，因此，这种方法主要适用于标准成本与实际成本基本相符且产品数量较少的情况。同时，要根据实际情况对标准成本进行不断地修订，使其符合实际。下面举例说明标准成本法下的账务处理。

[例 7-10] 仍以[例 7-9]中 N 公司的有关业务为例，并假设 N 公司"在产品"和"产成品"账户均无期初余额，本期投产的 500 件 A 产品均已全部完工，并已全部出售，每件售价为 600 元。

(1) 领用材料、将直接人工成本、变动制造费用、固定制造费用计入产品成本的会计分录(购入材料及实际支付以上各该项费用的会计分录从略)。

① 领用材料的会计分录。根据例 7-9，投产 500 件 A 产品的直接材料的有关数据如下。

直接材料标准成本：$(6\times15+12\times10)\times500=105\,000$(元)

直接材料实际成本：$5\times8\,000+13\times4\,500=98\,500$(元)

直接材料价格差异：$-3\,500$(元)(有利差异)

直接材料数量差异：$-3\,000$(元)(有利差异)

根据以上数据，编制会计分录如下。

借：生产成本—基本生产成本　　105 000
　贷：材料价格差异　　3 500
　　材料数量差异　　3 000
　　原材料　　98 500

② 将直接人工资计入产品成本的会计分录。根据例 7－9，投产 500 件 A 产品的直接人工的有关数据如下：

直接人工标准成本：$3 \times 7 \times 500 = 10\,500$(元)

直接人工实际成本：　11 000(元)

直接人工工资率差异：　—1 000(元)(有利差异)

直接人工效率差异：　1 500(元)(不利差异)

根据以上数据，编制会计分录如下。

借：生产成本—基本生产成本　　10 500
　直接人工效率差异　　1 500
　贷：应付工资　　11 000
　　直接人工工资率差异　　1 000

③ 将变动制造费用计入产品成本的会计分录。根据例 7－9，可将变动制造费用的有关数据列示如下。

标准变动制造费用：$3.8 \times 7 \times 500 = 13\,300$(元)

实际变动制造费用：　16 000(元)

变动制造费用耗费差异：　800(元)(不利差异)

变动制造费用效率差异：　1 900(元)(不利差异)

根据以上数据，编制会计分录如下。

借：生产成本—基本生产成本　　13 300
　变动制造费用耗费差异　　800
　变动制造费用效率差异　　1 900
　贷：变动制造费用　　16 000

④ 将固定制造费用计入产品成本的会计分录。根据例 7－9，可将固定制造费用的有关数据列示如下。

标准固定制造费用：$8 \times 7 \times 500 = 28\,000$(元)

实际固定制造费用：　36 000(元)

固定制造费用开支差异：　2 400(元)(不利差异)

固定制造费用能力差异：　1 600(元)(不利差异)

固定制造费用效率差异：　4 000(元)(不利差异)

根据以上数据，编制会计分录如下。

借：生产成本—基本生产成本　　28 000
　固定制造费用开支差异　　2 400
　固定制造费用能力差异　　1 600
　固定制造费用效率差异　　4 000
　贷：固定制造费用　　36 000

(2) 结转完工入库产品标准成本的会计分录。完工入库500件A产品的标准成本如下。

直接材料：	105 000
直接人工：	10 500
变动制造费用：	13 300
固定制造费用：	28 000
合计	156 800

会计分录为：

借：产成品　　156 800
　贷：生产成本—基本生产成本　　156 800

(3) 产品销售的会计分录

借：应收账款　　300 000
　贷：产品销售收入　　300 000

销售收入 = 600 × 500 = 300 000(元)

(4) 结转已售产品标准成本的会计分录

借：产品销售成本　　156 800
　贷：产成品　　156 800

(5) 结转本期各项成本差异。期末，根据各成本差异账户编制成本差异汇总表如表7-14所示。

表7-14　成本差异汇总表

账户名称	不利差异(借方余额)	有利差异(贷方余额)
材料价格差异		3 500
材料效率差异		3 000
直接人工工资率差异		1 000
直接人工效率差异	1 500	
变动制造费用耗费差异	800	
变动制造费用效率差异	1 900	
固定制造费用开支差异	2 400	
固定制造费用能力差异	1 600	
固定制造费用效率差异	4 000	
合计	12 200	7 500
差异净额	4 700	

由于本例中没有期末在产品和产成品存货，所以当期成本差异直接调整已售产品成本，计入当期损益。

根据表7-14，做各种成本差异的结转分录。

借：产品销售成本　　4 700
　　材料价格差异　　3 500
　　材料效率差异　　3 000
　　直接人工工资率差异　　1 000
　贷：直接人工效率差异　　1 500
　　　变动制造费用耗费差异　　800
　　　变动制造费用效率差异　　1 900
　　　固定制造费用开支差异　　2 400
　　　固定制造费用能力差异　　1 600
　　　固定制造费用效率差异　　4 000

五、标准成本法和定额法的比较

标准成本法与定额法没有本质的区别，因为两种成本制度的实施都是为了实现成本控制和业绩评价，两者具有基本相同的功能和实施环节。采用标准成本法或定额法时，都要在实现制定产品应该发生的成本，各项成本在生产经营过程中的转移，都以标准成本或定额成本为依据，同时进行成本差异的归集分配，达到计算产品成本、控制成本费用发生以及绩效评价的目的。

但是，标准成本法和定额法在具体运用上还是存在一些区别的，主要有以下几个方面。

(1) 定额法要计算产品的实际成本，而在标准成本法下，一般只计算产品的标准成本，不计算产品的实际成本。

(2) 定额法建立了一套完整的差异凭证及严格的传递程序，而标准成本法并未作具体说明。

(3) 在定额法下，对成本差异的核算较为简单，只核算各成本项目的成本差异，且不为各种成本差异单独设置会计科目，而是与定额成本在同一个成本明细账中进行核算。在标准成本法下，对成本差异的核算较为详细，要为各种成本差异分别设置科目进行核算，为管理当局提供更详尽、更科学的决策信息。

(4) 在定额法下，要将成本差异在各种产品之间以及完工产品与在产品之间进行分配，而在标准成本法下，对成本差异的处理，企业一般采用前述的第二种方法，即将其全部计入当期损益。

(5) 在定额法下，计算和分析成本差异所依据的定额成本都是现行的；而在标准成本法下，计算和分析成本差异所依据的标准成本又多种多样，如现实标准成本、正常标准成本和理想标准成本等。

第四节　各种成本计算方法的实际应用

一、各种成本计算方法的同时应用

在下列情况下，一个企业或车间往往同时应用几种成本计算方法。

(1) 一个企业的各个生产车间的生产类型不同，可以采用不同的成本计算方法。例如，基本生产车间是大量、多步骤生产某种产品，而辅助生产车间则是大量、单步骤的生产，在这种情况下，基本生产车间可以采用分步法计算产品成本，而辅助生产车间则可以采用品种法计算产品成本。

(2) 一个企业的各个生产车间的生产类型相同，但管理上的要求不同，可以采用不同的成本计算方法。例如，两个基本生产车间都是大量、多步骤生产，分别生产甲、乙两种产品，但管理上要求分步骤计算甲产品成本，而对乙产品则不要求分步骤计算成本。在这种情况下，对甲产品应采用分步法计算其成本，而对乙产品则可以采用品种法计算其成本。

(3) 一个企业生产多种产品，由于各种产品的生产类型或管理上的要求不同，可以采用不同的成本计算方法。

二、几种产品成本计算方法结合应用

计算一种产品的成本，在下列情况下，往往结合采用几种成本计算方法。

(1) 一种产品的不同生产步骤，由于生产类型和管理要求不同，可以采用不同的成本计算方法。

(2) 在一种产品的不同零部件之间，由于管理上的要求不同，也可以采用不同的成本计算方法。例如，某种产品由若干种零部件组装而成，其中不外售的零部件一般不要求单独计算成本；经常外售的零部件，管理上要求计算零部件成本，则应按照其生产类型和管理要求，采用适当的成本计算方法单独计算成本。

此外，分类法和定额法是为了简化成本计算工作或加强定额管理而采用的两种辅助方法，它们与生产类型的特点没有直接联系，在各种类型的生产中都可以采用，但必须与基本的成本计算方法结合起来才能应用。

总之，在实际的成本计算工作中，应根据企业的不同生产特点和管理要求，考虑企业的规模和管理水平，灵活应用各种成本计算方法。

本章小结

(1) 产品成本的分类法是按产品类别归集生产费用，在计算某种产品总成本的基础

上,按照一定标准在类内各种产品之间分配计算每种产品成本的一种成本计算方法。在企业中,如果生产的产品品种、规格繁多,且不同品种、规格的产品可以按照一定的标准进行分类,为了简化成本计算工作,就可以采用分类法来计算产品成本。

(2) 采用分类法,首先将产品按照其所耗用的材料、产品的结构、产品经过的生产工艺过程等标志划分为若干个类别,然后采用基本成本计算方法中的一种计算各类产品的总成本。然后再选择合理的分配标准,分别将每类产品的成本,在类内的各种产品间进行分配,计算各种产品的成本。

(3) 定额法是以事先制定的产品定额成本为标准,在生产费用发生时,就及时提供实际发生的费用脱离定额耗费的差异定额,让管理者及时采取措施,控制生产费用的发生额,并且根据定额和差异额计算产品实际成本的一种成本计算和控制方法。在定额法下,产品实际成本＝按现行定额计算的产品定额成本＋(—)脱离现行定额的差异＋(—)直接材料或半成品成本差异＋(—)月初在产品定额变动差异。

(4) 标准成本法是一种与实际成本法相对应的成本计算方法。在实际成本法下,产品成本是以生产过程中实际耗费的各种费用来计算的;而在标准成本法下,产品成本是以标准成本来计算的。

(5) 标准成本按其制定的基础不同,可分为理想标准成本、正常标准成本和现实标准成本。理想标准成本是以现有生产技术和经营管理处于最优状态为基础所确定的最低水平的成本。正常标准成本是根据正常的耗用水平、正常的价格和正常的生产经营能力利用程度制定的标准成本。现实标准成本是在现有生产技术条件下和有效经营管理的基础上,根据下一期最可能发生的生产要素耗用量、生产要素价格和生产经营能力利用程度制定的标准成本。

(6) 成本差异是指实际成本与标准成本之间的差额。成本差异包括直接材料成本差异、直接人工成本差异和制造费用差异三部分。会计人员不仅要计算这些成本差异,而且要认真分析差异形成的原因,以便及时采取措施消除不利差异,并为成本控制和成本考核提供比较详细的信息。

(7) 联产品是以同种原料在同一生产过程中生产出两种或两种以上的主要产品。联合成本的分配,可根据企业的具体情况,采用分离点市价法、实物计量法、预计可变现净值法和不变毛利率可变现净值法等。

(8) 副产品是指在同一生产过程中,使用同种原料,在生产主要产品的同时附带生产出来的非主要产品。为简化核算,对副产品可以不单独计算成本,而采用分类法,将副产品与主产品合为一类开设成本计算单,归集它们所发生的各项费用,计算其总成本;然后,将副产品按照一定的方法计价,从总成本中扣除,以扣除后的成本作为主产品的成本。

(9) 等级产品是指品种、规格相同,但质量等级不同的产品。根据产生不同等级产品的不同原因,其成本计算可分别采用按实际产量分配和按系数分配这两种不同的方法。

(10) 在实际的成本计算工作中,应根据企业的不同生产特点和管理要求,考虑企业的规模和管理水平，结合应用各种成本计算方法。

本章术语

分类法；系数法；定额法；脱离定额差异；材料成本差异；定额变动差异；联合产品；副产品；等级产品；标准成本法；标准成本；成本差异；价格差异；效率差异；开支差异；能力差异；两分法；三分法

复习思考题

1. 简述分类法的特点和计算程序。

2. 分类法有哪些优缺点？应用时应注意哪些问题？

3. 简述定额法的特点和计算程序。

4. 什么是标准成本？如何进行制定？

5. 标准成本差异如何进行计算？制造费用标准成本项目差异的计算与其他标准成本项目差异的计算有什么不同？

6. 为什么把成本差异分为数量差异和价格差异两大类？哪些是数量差异？哪些是价格差异？

7. 什么是有利差异？什么是不利差异？

8. 标准成本法与定额法有何联系和区别？

9. 在标准成本法下，成本差异如何进行账务处理？

10. 联产品的联合成本分配主要有哪几种方法？

11. 副产品成本计算有何特点？

12. 什么是等级产品？形成的原因是什么？不同形成原因对等级产品成本计算有什么影响？

业务计算题

1. 某企业生产甲类产品，类内又有 A、B、C、D 四种产品，采用分类法计算产品成本。直接材料费用按系数计算分配，分配标准为每种产品的材料费用定额。其他费用按定额工时的比例计算分配。甲类产品的产量和产品成本计算单等资料如表 1 和表 2 所示。

表 1　甲类产品产量、材料费用定额、定额工时资料

产品名称	材料费用定额(元)	单位产品工时定额(h)	产　量(件)
A	615	150	400
B	492	145	300
C	410	130	650
D	369	120	800

其中C产品为标准产品。

表 2　甲类产品成本计算单

单位：元

项　目	直接材料	燃料及动力	直接人工	制造费用	合　计
月初在产品成本	2 305	85	160	572	3 122
本月发生费用	835 067	230 115	270 000	235 819	1 571 001
合　计	837 372	230 200	270 160	236 391	1 574 123
完工在产品成本	834 140	230 040	269 800	235 720	1 569 700
月末在产品成本	3 232	160	360	671	4 423

要求：根据上述资料，采用分类法计算类内每种产品的成本，并将计算结果填入表3中。

表 3　甲类产品完工产品成本计算单

单位：元

项　目	产量(件)	直接材料费用系数	直接材料费用总系数	单位产品定额工时(h)	定额总工时(h)	直接材料	燃料及动力	直接人工	制造费用	成本合计
分配率										
A产品										
B产品										
C产品										
D产品										
合　计										

2. 某企业生产甲产品，某零件从本月初起对原材料定额进行修改，将单位原材料费用由原来的280元调低到266元。甲产品月初在产品的定额费用为515 600元。要求采用系数法计算甲产品月初在产品定额变动差异。

3. 某产品月初在产品数量为400件,原材料定额成本为30 kg/件,单价为2元,本月份修订定额为28 kg/件,计划单价成本为2.1元。本月的产量为600件,耗用原材料共8 000 kg。该产品的原材料是一次投入的。

要求:(1) 计算脱离定额差异。

(2) 计算月初在产品定额变动差异。

(3) 在产品明细账中列示原材料的实际费用,以简表列示。

4. 某企业生产一种产品,采用定额法计算成本。该产品由A、B、C三个部件组成。A部件由甲、乙、丙三个零件组成。各种零件有关的定额资料如下。

(1) 甲零件材料消耗定额16 kg,每千克计划单价10元;工时消耗定额为10 h。A部件需要甲零件4个;

(2) 乙零件材料消耗定额10 kg,每千克计划单价8元;工时消耗定额为18 h。A部件需要乙零件8个;

(3) 丙零件材料消耗定额6 kg,每千克计划单价6元;工时消耗定额为16 h。A部件需要丙零件10个。

(4) 装配A部件的工时定额为12 h。

(5) 每小时工资及福利费定额为4 h,制造费用定额为3元。

B部件的定额成本为600元,C部件的定额成本为1 670元。

要求:根据上述资料,计算产成品单位定额成本。

5. 某工业企业大量生产一种产品——甲产品。在生产该种产品过程中产生废料,经过加工处理,可以成为副产品——乙产品。甲产品的生产和乙产品的加工处理,都是单步骤生产,在同一个车间内进行。

本月(7月)甲、乙两种产品的实际生产费用、生产工时和产量资料如下。

甲产品领用原材料49 000元,甲产品的生产工时为7 500 h,乙产品的生产工时为500 h。

该车间的生产工人工资及福利费为3 200元,制造费用为5 600元。这些费用都按生产工时在甲、乙两种产品之间进行分配。

甲产品生产过程中产生废料2 000 kg,每千克定价0.15元,全部为乙产品耗用。

甲产品产量为1 000件,乙产品产量为250件。

甲产品成本中的原材料费用比例很大,因而甲产品的在产品按所耗原材料的定额费用计价。其月初在产品的原材料定额费用为3 750元,月末在产品的原材料定额费用为5 500元,乙产品的月末在产品很少,不计算月末在产品成本。

要求:(1) 编制工费分配表,分配主、副产品应负担的加工费用。

(2) 登记产品成本明细账,计算主、副产品的实际成本。

6. 某企业本月生产甲产品10 000件,实际耗用材料24 000 kg,成本为36 000元。甲产品直接材料标准用量为2 kg/件,标准价格为1.8元/kg。试进行有关材料成本差异的分析。

7. 某企业本月生产 A 产品 600 件，实际耗用直接人工 900 h，支付直接人工成本 2 700 元。A 产品直接人工的标准工时为 1 h/件，标准小时工资率为 4 元/h。试进行直接人工成本差异的分析。

8. 某企业本月固定制造费用的资料如下：

固定制造费用预算数额	48 000 元
固定制造费用实际支付数额	49 000 元
预计产量标准总工时	12 000 h
实际耗用工时	11 000 h
实际产量应耗用标准工时	10 000 h

要求：分别采用两差异法和三差异法确定固定制造费用的成本差异。

9. 某企业生产 A 产品，其标准成本资料如下：

直接材料	(3×5 元/kg)	15 元
直接人工	(5 h×15 元/h)	75 元
制造费用		
变动部分	(5 h×6 元/h)	30 元
固定部分	(5 h×8 元/h)	40 元
单位产品标准成本		160 元

制造费用预算：全月固定制造费用 320 000 元，变动制造费用 240 000 元，按正常开工 40 000 直接人工小时分配：

固定制造费用标准分配率 = 320 000 元 /40 000 h = 8 元 /h

变动制造费用标准分配率 = 240 000 元 /40 000 h = 6 元 /h

本月该企业生产 A 产品 7 800 件。

该企业本月实际发生的各项经济业务如下：

购进材料 25 000 kg，单价 5. 20 元/kg，共计 130 000 元。耗用材料 23 100 kg。实际耗用的直接人工小时为 40 100 h，支付直接人工成本 585 460 元。实际发生的制造费用为 600 000 元。

要求：

(1) 计算本月 A 产品的标准生产成本。

(2) 根据上述资料进行各项成本的差异分析。

(3) 根据本月实际发生的各项经济业务编制有关会计分录。

第八章
期间费用的核算

·本章概要·

期间费用是企业费用的重要组成部分，有别于产品生产成本，期间费用直接计入当期损益。

本章首先简要阐述期间费用的性质，以及与产品生产成本的区别，然后分别介绍销售费用、财务费用和管理费用这三种期间费用的会计核算。

·导入案例·

某企业 20** 年 9 月支付管理人员职工薪酬 22 800 元，支付销售机构人员职工薪酬 54 000 元。销售机构固定资产折旧费 5 000 元，管理部门固定资产折旧费 1 200 元。支付管理部门办公及水电费 4 500 元，销售机构办公及水电费 2 100 元。

根据上述资料，请讨论：

(1) 这些支出是否应计入当期？

(2) 这些支出是否应计入产品成本？为什么？应如何处理？

第一节　期间费用概述

期间费用是指本期发生的、不能直接或间接归入某种产品成本的、直接计入损益的各项费用，包括销售费用、财务费用和管理费用。

期间费用与生产成本的区别主要体现在以下几方面。

(1) 与生产产品的关系不同。期间费用的发生是为生产产品提供正常的条件，加强对生产和销售的管理，而与产品的生产本身并不直接相关。生产成本就明确是指与生产产品有关的直接费用和间接费用，它们直接计入或分配后计入每一种产品中。

(2) 与会计期间的关系不同。期间费用只与费用发生的当期有关，不影响或不分摊到其他会计期间；生产成本中当期完工部分当期转为产成品，未完工部分则结转下一期继续加工，与前后会计期间都有关系。

(3) 与会计报表的关系不同。期间费用直接列入当期损益表，扣除当期损益；生产成本完工部分转为产成品，已销售产成品的销售成本再转入产品销售成本。产品销售成本也直接列入当期损益表，但未售产成品和未完工的在产品都应列入资产负债表。从这个角度讲，也可以把生产成本称为可盘存成本，把期间费用称为不可盘存成本。

为了正确核算期间费用，应注意以下问题。

(1) 正确划分资本化成本、计入存货的成本和费用化成本的界限，不能把应当资本化和计入存货的成本计入期间费用。

(2) 正确划分当期费用和其他会计期费用的界限，正确处理各种需要通过“预提费用”和“待摊费用”处理的跨期摊配费用。

(3) 正确划分销售费用、财务费用和管理费用的界限，不得相互混淆。

第二节 销售费用的核算

一、销售费用的内容

销售费用是指企业在销售产品、提供劳务等日常经营过程中发生的各项费用以及专设销售机构的各项经费，包括：运输费、装卸费、包装费、保险费、展览费和广告费，以及为销售本企业商品而专设的销售机构的职工工资及福利费、类似工资性质的费用、业务费等经营性费用。其具体内容如下。

(1) 运输费：是指企业在销售商品过程中发生的应由企业负责的陆运、水运和空运劳务费用。

(2) 装卸费：是指商品在发运过程中，装卸和起卸商品所发生的劳务费用。

(3) 包装费：包括自行包装费用和委托包装费用两种。自行包装费用是指企业为包装商品而耗用的包装材料费用(如纸、绳、木板、铁皮等)、包装物费用(如箱、桶、瓶、袋等)，以及包装部门的经费。委托包装费用是指企业委托外单位包装本企业商品所发生的劳务费用。

(4) 保险费：是指企业为保证所售商品在运输途中的安全无损所发生的保险支出。

(5) 展览费：是指企业为参加各种商品的展览会而发生的各种会务经费。

(6) 广告费：是指企业通过广播、电视、报纸、杂志、路牌等媒体为其商品作市场宣传而支付的各种费用。

(7) 专设销售机构的经费：是指专门从事商品销售的网络、门市部等机构所发生的人员工资、福利费、差旅费、办公费、折旧费、修理费、物料消耗、低值易耗品摊销，以及其他经费。

二、销售费用的核算

企业为了核算产品销售所发生的费用，应设置“销售费用”科目，该科目属于损益类科目。其借方登记发生的各种产品销售费用，贷方登记期末转入“本年利润”科目的本期归集的产品销售费用的金额，期末结转后，“销售费用”科目应无余额。本科目应按费用项目设置明细账进行明细核算。工业企业销售产品以外而发生的其他销售费用，如销售超储积压材料的运输费、包装费等，应通过“其他业务支出”科目进行核算，该科目借方汇总登记其他销售的成本、费用和税金等各项支出，期末汇总后从该科目的贷方转入“本年利润”科目，结转后，本科目期末应无余额。

企业发生销售费用时，应借记“销售费用”科目，贷记“现金”、“银行存款”、“应付职工薪酬”、“累计折旧”等科目。期末结转销售费用时，应借记“本年利润”科目，贷记“销售费用”科目。

兹举例说明销售费用的账务处理。

［例 8－1］ 企业 12 月份发生下列销售费用：

(1) 企业以现金支付销售产品的运输费 650 元。

(2) 企业开出转账支票一张用以支付广告费 3 000 元。

(3) 根据发料凭证汇总表，登记产品销售领用包装材料 2 400 元。

(4) 结转本月专设销售机构职工工资以及福利费 2 280 元，其中工资 2 000 元，福利费 280 元。

(5) 本月专设销售机构计提折旧费 600 元。

(6) 本月销售部门领用低值易耗品 3 000 元，分 3 个月摊销。

根据上述业务，相关的会计分录如下。

(1) 借：销售费用—运输费	650	
贷：现金		650
(2) 借：销售费用—广告费	3 000	
贷：银行存款		3 000
(3) 借：销售费用—包装费	2 400	
贷：原材料		2 400
(4) 借：销售费用—职工薪酬	2 280	
贷：应付职工薪酬—应付工资		2 000
—应付福利费		280
(5) 借：销售费用—折旧费	600	
贷：累计折旧		600
(6) ① 借：待摊费用	3 000	
贷：低值易耗品		2 000

② 借：销售费用—低值易耗品摊销　　1 000
　　贷：待摊费用　　1 000

(7) 月末，结转本月发生的销售费用。

借：本年利润　　9 930
　　贷：销售费用　　9 930

第三节　财务费用的核算

一、财务费用的内容

财务费用是指企业筹集生产经营所需资金而发生的费用。它包括企业在经营期间发生的利息支出(减利息收入)、汇兑损失(减汇兑收益)、银行及其他金融机构手续费，以及因筹集资金而发生的其他财务费用。具体内容如下。

(1) 利息支出：指企业支付流动负债和经营期间长期负债应计的利息，如短期借款利息、应付票据利息、应付债券利息、应收票据贴现利息等。企业银行存款的利息收入应冲减利息支出，真正计入财务费用的是利息支出的净额。

为了正确核算财务费用，企业应合理划分资本化利息和费用化利息。企业在筹建期间发生的利息支出(除为购建固定资产的专门借款所发生的利息支出外)，计入长期待摊费用；企业为购建固定资产筹集资金而发生的费用，在所购建固定资产达到预定可使用状态之前发生的，应予以资本化计入相关固定资产价值的购建成本，不属于财务费用。

(2) 汇兑损益：指对于企业经营过程中涉及的外币业务，由于时间和市场汇价不同而产生的外币折合为记账本位币的差额。对于汇兑损益，根据不同情况加以处理。对于筹建期间发生的汇兑损益，计入长期待摊费用，应在生产经营的当月起，一次计入开始生产经营当月的损益；生产经营期间发生的汇兑损益，作为当期财务费用，汇兑损失应增加财务费用，汇兑收益应减少财务费用；对于与购建固定资产等直接相关的汇兑损益，在资产达到预定可使用状态之前发生的，可按有关规定予以资本化计入相关固定资产的购建成本。

(3) 银行及其他金融机构手续费：指企业通过银行和其他金融机构办理转账结算及委托期代理发行债券时，按照国家和金融机构的有关规定而支付的各种手续费，债券发行费等费用。

二、财务费用的核算

企业为了进行财务费用的核算，应设置“财务费用”科目，该科目属于损益类科目。其借方登记发生的各项财务费用，包括利息支出(减利息收入)、汇兑损失(减汇兑收益)、银行及其他金融机构手续费，贷方登记减少财务费用的利息收入、汇兑收益，以及期末转入

“本年利润”科目的财务费用金额。期末结转后，“财务费用”科目应无余额。本科目应按费用项目设置明细账进行明细核算。

企业发生财务费用时，应借记“财务费用”科目，贷记“预提费用”、“银行存款”、“应收账款”、“应付账款”、“长期借款”等科目。企业取得利息收入，发生汇兑收益时，应借记“银行存款”、“应收账款”、“长期借款”等科目，贷记“财务费用”科目。期末该科目的借方发生额抵减了贷方发生额后的数额，应借记“本年利润”科目，贷记“财务费用”科目。

兹举例说明财务费用的账务处理。

[例 8-2] 企业 12 月份发生下列财务费用。

(1) 企业向银行取得短期借款，利息采用预提的方式，本月预提短期借款利息 2 200 元。

(2) 银行通知本月银行存款利息收入 480 元。

(3) 用银行存款支付银行手续费 930 元。

(4) 本月将一张期限 4 个月年利率 9%的应收票据 20 000 元于收到票据 2 个月后向银行贴现，年贴现率为 12%。

(5) 企业持 5 000 美元到银行兑换为人民币，银行当日的美元买入价为 1 美元=6.25 元人民币，当日市场汇率为 1 美元=6.35 元人民币。

(6) 企业月末外币账户的余额如下：

银行存款(美元户)	US$5 000	RMB¥31 000
应收账款(美元户)	US$10 000	RMB¥62 000
应付账款(美元户)	US$3 000	RMB¥18 600

月末美元兑换人民币的市场汇率为 1∶6.25。

根据以上资料，编制有关会计分录及结账会计分录如下。

(1) 借：财务费用—利息支出　　2 200
　　贷：预提费用　　2 200

(2) 借：银行存款　　480
　　贷：财务费用—利息收入　　480

(3) 借：财务费用—手续费　　930
　　贷：银行存款　　930

(4) 票据利息　$20\,000 \times 9\% \times 120/360 = 600$

到期本息合计　$20\,000 + 600 = 20\,600$

贴现息　$20\,600 \times 12\% \times 60/360 = 412$

贴现额　$20\,600 - 412 = 20\,188$

借：银行存款　　20 188
　　贷：应收票据　　20 000
　　　　财务费用—利息收入　　188

(5) 借：银行存款(人民币户)　31 250
　　财务费用　500
　贷：银行存款—美元户(5 000 美元)　31 750

(6) 汇兑损益计算

银行存款：5 000 × 6.25 − 31 000 = 250(元)(汇兑收益)

应收账款：10 000 × 6.25 − 62 000 = 500(元)(汇兑收益)

应付账款：3 000 × 6.25 − 18 600 = 150(元)(汇兑损失)

汇兑损益：250 + 500 − 150 = 600(元)(汇兑收益)

根据以上计算做如下会计分录。

借：银行存款—美元户　250
　　应收账款—美元户　500
　贷：应付账款—美元户　150
　　　财务费用—汇兑损益　600

(7) 月末，将“财务费用”科目的余额转入“本年利润”科目。

借：本年利润　2 362
　贷：财务费用　2 362

第四节　管理费用的核算

一、管理费用的内容

管理费用是指企业行政管理部门为组织和管理生产经营活动而发生的各项费用，包括公司经费、工会经费、待业保险费、劳动保险费、董事会费、聘请中介机构费、咨询费(含顾问费)、诉讼费、业务招待费、房产税、车船使用税、土地使用税、印花税等相关税金、技术转让费、矿产资源补偿费、无形资产摊销、职工教育经费、研究与开发费、排污费、存货盘亏或盘盈(不包括应计入营业外支出的存货损失)、计提的坏账准备和存货跌价准备等。其中有关项目具体内容如下。

(1) 公司经费包括总部管理人员工资、职工福利费、差旅费、办公费、折旧费、修理费、物料消耗、低值易耗品摊销及其他公司经费。

(2) 工会会费是指按职工工资总额2%计提拨给工会的经费。

(3) 待业保险费是指企业按照国家规定交纳的待业保险基金。

(4) 劳动保险费是指离退休职工的退休金、价格补贴、医疗费(包括离退休人员参加医疗保险的医疗保险基金)、异地安家费、职工退职金、职工死亡丧葬补助费、抚恤费、按规定支付给离退休干部的各项经费以及实行社会统筹办法的企业按规定提取的统筹基金。

(5) 董事会费是指企业最高权力机构及其成员为执行其职能而发生的费用，如差旅费、会议费、董事会成员津贴等。

(6) 咨询费是指企业向有关咨询机构进行科学技术、经营管理等内容的咨询所支付的费用,包括聘请经济技术顾问、法律顾问所支付的费用。

(7) 诉讼费是指企业因起诉或应诉而发生的各项费用。

(8) 业务招待费是指企业因为业务经营的合理需要而支付的费用,它是根据全年销售净额的规定百分比据实列支:全年销售净额在1 500万元(不含1 500万元)以下的,不超过全年销售净额的5‰;超过1 500万元(含1 500万元)但不足5 000万元的,不超过该部分的3‰;超过5 000万元(含5 000万元)但不足1亿元的,不超过该部分的2‰;超过1亿元(含1亿元)的,不超过该部分的1‰。

(9) 技术转让费是指企业使用非专业技术而支付的费用,包括以技术转让为前提的技术咨询、技术服务、技术培训过程中发生的有关费用。

(10) 无形资产摊销是指企业的专利权、商标权、著作权、非专利技术、土地使用权等无形资产按照规定计算的摊销额。

(11) 研究与开发费是指企业研究开发新产品、新技术、新工艺时发生的新产品设计费、设备调试费、原材料和半成品的试验费、技术图纸资料费、研究人员的工资、为纳入国家计划的中间试验费、研究设备的折旧、与新产品试制、技术研究有关的其他经费,以及委托其他单位进行科研试制的费用和试制失败损失等。

二、管理费用的核算

企业为核算行政管理部门组织和管理经营活动而发生的各项支出,应设置“管理费用”科目。该科目属于损益类科目,借方登记发生的各项管理费用,贷方登记期末转入“本年利润”科目的管理费用。期末结转后,“管理费用”科目应无余额。本科目应按费用项目设置明细账进行明细核算。

当管理费用发生时,应借记“管理费用”科目,贷记“现金”“银行存款”“应付职工薪酬”“累计折旧”“应交税金”“无形资产”“长期待摊费用”“坏账准备”“存货跌价准备”“其他应交款”“待摊费用”“预提费用”等科目,期末结转管理费用时,应借记“本年利润”科目,贷记“管理费用”科目。

兹举例说明管理费用的账务处理。

[例8-3] 企业12月份发生下列管理费用。

(1) 公司采购员出差归来报销差旅费550元,临行前预借款500元,以现金补足差额。

(2) 以银行存款支付某公司的技术转让费4 000元。

(3) 摊销行政管理部门领用低值易耗品的价值800元。

(4) 企业计算本月应负担的房产税1 520元、车船使用税680元。

(5) 根据应收账款年末余额的5‰计算应补提的坏账准备金750元。

(6) 企业采用“成本与市价孰低法”进行存货计价核算。假设上一会计期末存货的账面成本为 50 000 元,预计可变现净值为 48 000 元。

(7) 根据工资费用分配表,本期行政管理人员工资及福利费 5 700 元。

(8) 按规定预提行政管理部门用房的修理费 1 250 元。

(9) 本月无形资产摊销 900 元。

根据以上资料编制有关会计分录及结账会计分录如下。

(1) 借: 管理费用—公司经费(差旅费)	550	
贷: 其他应收款		500
现金		50
(2) 借: 管理费用—技术转让费	4 000	
贷: 银行存款		4 000
(3) 借: 管理费用—低值易耗品摊销	800	
贷: 银行存款		800
(4) 借: 管理费用—税金	2 200	
贷: 应交税金—应交房产税		1 520
—应交车船使用税		680
(5) 借: 管理费用—坏账损失	750	
贷: 坏账准备		750
(6) 借: 管理费用—存货跌价损失	2 000	
贷: 存货跌价准备		2 000
(7) 借: 管理费用—公司经费(工资)	5 700	
贷: 应付职工薪酬		5 700
(8) 借: 管理费用—公司经费(修理费)	1 250	
贷: 预提费用		1 250
(9) 借: 管理费用—无形资产摊销	900	
贷: 预提费用		900
(10) 结账会计分录		
借: 本年利润	18 150	
贷: 管理费用		18 150

本章小结

(1) 期间费用是指企业当期发生的费用中的重要组成部分,是指本期发生的、不能直接或间接归入某种产品成本的、直接计入损益的各项费用,包括管理费用、销售费用和财务费用。

(2) 管理费用是指企业行政管理部门为组织和管理生产经营活动而发生的各项费用。

(3) 销售费用是指企业在销售产品、提供劳务等日常经营过程中发生的各项费用以及专设销售机构的各项经费。

(4) 财务费用是指企业筹集生产经营所需资金而发生的费用。

(5) 企业发生期间费用时,应借记“管理费用”、“销售费用”和“财务费用”科目,贷记“现金”、“银行存款”等科目。期末结转期间费用时,应借记“本年利润”科目,贷记“管理费用”、“销售费用”和“财务费用”科目。结转后,期间费用各科目应无余额。

本章术语

期间费用;销售费用;财务费用;管理费用

复习思考题

1. 什么是期间费用? 它包括什么内容?
2. 与生产成本比较,期间费用有何特点?
3. 何谓管理费用? 包括哪些项目? 如何进行归集与分配?
4. 何谓销售费用? 包括哪些项目? 如何进行归集与分配?
5. 何谓财务费用? 包括哪些项目? 如何进行归集与分配?
6. 什么是汇兑损益?
7. 企业应如何核算负债的利息费用?

业务计算题

某企业2001年5月发生如下期间费用。

(1) 收到银行通知,企业本期存款利息收入2 400元。

(2) 企业管理部门领用计算器等低值易耗品一批,实际成本800元。该企业采用一次摊销法进行低值易耗品摊销。

(3) 摊销无形资产价值2 800元。

(4) 支付某公司的技术转让费5 000元。

(5) 以银行存款支付广告费 8 000 元。

(6) 企业销售人员报销差旅费 950 元(预借款 900 元)。

(7) 该企业向银行借入 6 个月的短期借款 20 万元,年利率为 5%,利息在归还借款时一并结算,当月预提一个月的利息支出。

(8) 本月退休职工退休金 7 200 元,以现金支付。

(9) 企业将还有 45 天到期价值为 6 250 元的商业汇票贴现,贴现率为年利率 6%。

(10) 本月行政管理部门应提的折旧费为 3 500 元。

(11) 分配本月工资费用:生产工人工资 20 000 元,车间管理部门人员工资 8 000 元,厂部管理人员工资 14 000 元,专设销售机构人员工资 12 000 元;按工资费用的 14%计提职工福利费。

(12) 按公司工资总额 54 000 元的 2%提取工会经费,按 1.5%提取教育经费。

(13) 月末盘点发现甲材料缺少 100 kg,2.5 元/kg,系一般管理不善造成;乙材料比账面多 20 kg,4 元/kg。经批准予以入账。

(14) 本月末对外币银行存款进行调整,汇兑损失 500 元。

要求:根据以上经济业务编制会计分录。

第九章
成本报表的编制与分析

·本章概要·

为了使成本信息更好地服务于管理，为企业的经营决策提供依据，在成本会计工作中，就需要客观、及时、规范地编制成本报表。同时，还要根据管理的要求，采用科学合理的方法对成本报表信息进行分析。

本章共四节，第一节概述成本报表的性质、特点和编制的要求；第二节介绍成本分析的一般理论方法；第三节、第四节分别阐述产品成本报表和费用明细表的具体分析。

本章内容中，成本报表的编制是必须掌握的基本知识；成本报表的分析则是重点和难点所在。

·导入案例·

某企业生产甲产品，本月计划产量500件，实际产量520件。产品单位成本如下：

单位：元/件

成本项目	上年同期实际	本年计划成本	本月实际
直接材料	360	320	330
直接人工	60	50	45
制造费用	180	130	165
合　计	600	500	540

单位甲产品原材料耗用情况如下：

材料名称	耗用量(kg)		材料单价(元/kg)		材料成本(元)	
	计划	实际	计划	实际	计划	实际
A材料	40	42	5	5	200	210
B材料	20	15	6	8	120	120
合　计					320	330

单位甲产品直接人工费用的耗用情况如下：

项　　目	计　　划	实　　际
单位产品工时(h)	100	120
小时工资率(元/h)	0.50	0.375
合计(元)	50	45

单位甲产品制造费用的耗费情况如下：

项　　目	计　　划	实　　际
单位产品制造费用(元/件)	130	165
其中：变动制造费用(元/件)	30	40
固定制造费用(元/件)	100	125
产品产量(件)	500	520
产品生产总工时(h)	1 000	1 352

请根据上述产品单位成本表和相关资料，思考并讨论以下问题：

(1) 导致甲产品单位成本变化的因素有哪些？

(2) 各不同因素对甲产品单位成本变化的影响如何？

(3) 导致甲产品单位成本及总成本变化的主要因素是什么？

(4) 针对甲产品的成本管理与控制，当前应着重于什么方面？

第一节　成本报表概述

一、成本报表的意义

成本报表是根据产品(或经营业务)成本和期间费用的核算资料以及其他有关资料编制的，用以反映和监督企业一定时期产品(或经营业务)成本和期间费用水平及其构成情况的报告文件，是会计报表体系的重要组成部分。编制和分析成本报表是成本会计工作的一项重要内容。成本是反映企业生产经营活动的综合性指标，企业的资源消耗、劳动效率、生产效益、技术水平、管理绩效等各方面的工作质量，都可以通过成本直接或间接地体现出来。为了反映、监督和考核企业产品成本和各项费用的计划执行情况，加强企业内部的成本管理，就必须编制成本报表。通过成本报表，企业职工可以了解到自己完成成本计划的业绩、经验或差距，并能了解到整个企业成本计划的完成情况，以便监督企业的经济活动；企业的各级管理部门可以了解到费用预算的执行情况、各成本项目的变动趋势和成本降低任务的完成动态等资料，及时找出经营管理中存在的缺陷，以便采取相应的改进措施。企业领导通过成本报表可以了解企业成本管理的现状和趋势，为企业的经营决策提供及时有效的依据。另外，通过对成本报表的分析，可明确企业内部各责任部门的责任和业绩。

二、成本报表的作用

正确、及时地编制和分析成本报表，对加强成本管理和节约费用支出具有重要作用。

(1) 企业的成本报表综合反映了报告期内的产品成本。企业和主管企业的上级机构或公司利用成本报表，可以检查企业成本计划的执行情况，考核企业成本工作业绩，对企业成本工作进行评价。

(2) 通过成本报表资料的分析，可以揭示成本差异对产品成本升降的影响程度以及发现产生差异的原因和责任，从而可以有针对性地采取措施，把注意力放在解决那些属于不正常的、对成本有重要影响的关键性差异上，从生产技术、生产组织和经营管理等各个方面挖掘和动员节约费用支出和降低产品成本的潜力，提高企业生产耗费的经济效益。

(3) 利用成本报表所提供的资料，经过有关指标计算、对比，可以明确各有关部门和人员在执行成本计划、费用预算过程中的成绩和责任，帮助评价和考核各成本环节成本管理的业绩。

(4) 成本报表提供的实际产品成本和费用支出的资料，不仅可以满足企业、车间和部门加强日常成本、费用管理的需要，而且是企业进行成本、利润的预测、决策，编制产品成本和各项费用计划，制定产品价格的重要依据。

三、成本报表的种类

1. 按报送对象分

成本报表属于内部报表，主要是为满足企业内部经营管理的需要而编制的，不对外公开。因此，成本报表的种类、格式、项目、编制方法和程序、编制日期、具体报送对象，国家都不作统一规定，而由企业根据自己生产经营和管理的需要自行决定。主管企业的机构为了对本系统所属的企业的成本管理工作进行指导，也可以要求企业将其成本报表作为会计报表的附表报送。在这种情况下，企业成本报表的种类、格式、内容和编制方法，也可以由主管企业的上级机构和企业共同商定。因此，成本报表如果按照报送对象划分，可以分为企业内部成本报表(不向上级报送，只给企业领导和职工看)和向上级主管机构报送的成本报表两类。

2. 按反映的内容分

成本报表按其所反映的内容，可以分为反映成本情况的报表和反映费用情况的报表两类。

反映成本情况的报表有产品生产成本表、主要产品单位成本表等。这类报表侧重于揭示企业为生产一定种类和数量产品所花费的成本是否达到预定的目标，通过分析比较，找出差距，为进一步采取措施，挖掘降低成本的内部潜力提供有用的资料。

反映费用情况的报表有制造费用明细表、管理费用明细表、销售费用明细表等。通过它们可以了解到企业在一定期间费用支出总额及其构成，并可以了解费用支出的合理性和变动趋势，帮助企业正确编制费用预算，控制费用支出。

3. 按编报时间分

成本报表按其编报的时间可以分为年报、季报和月报。

成本报表根据管理上的需要一般可按月、按季、按年编报。但对内部管理的特殊需要，也可以按日、按周、按旬来编报，目的在于满足日常、临时或特殊的需要，使成本报表资料能及时服务于企业生产经营的全过程。

四、成本报表的特点

成本报表从实质上看，是企业内部报表，由企业自行设计和填制，旨在为企业内部各阶层提供必要的信息。其特点主要有：

(1) 成本报表不受外界因素的影响，编报的目的主要服务于内部。

(2) 成本报表在特定环境下产生，它与企业特定的生产工艺特点和生产组织形式有着密切的关系。

(3) 成本报表是会计核算资料和其他技术经济资料密切结合的产物，具有综合性的特点。

(4) 成本报表的内容灵活；格式与内容相适应；编报不定时，可以根据内部管理的需要适时地进行编制，及时地反映成本信息。因此具有及时、灵活、实用的特点。

五、成本报表的编制要求

为了满足企业各阶层对成本报表的需要，企业成本报表的编制应符合下列基本要求。

(1) 在会计计量和填报方法上，应保持前后会计期间的一致性。

对各期都需要编制的成本报表，在不同时期，会计处理方法及填报方法上的差别，会造成成本信息的差异，这必将给成本信息使用者的决策带来不利影响。因此，对各期均需编制的成本报表，其前后各期的会计处理方法和编制方法应保持一致，不得随意变更。如发生变更的，应在变更后的报表说明中阐明变更的原因和变更后的影响。

(2) 成本报表的编制要客观、及时。

客观性是对会计核算工作和会计信息的基本质量要求，也是对成本报表编制的基本要求。它要求企业编制的成本报表能如实反映资金的耗费情况，做到内容真实、数字准确、资料可靠。此外，成本报表的编制还必须及时，才能发挥效用，否则时过境迁，即使数据非常准确，但从时间来看已经过时，对信息使用者来说就失去了效用。因此，企业财会部门必须及时收集有关部门成本信息,并及时加工处理、及时传递给信息使用者。另外,对企业发生的例外成本事项,也要及时编报及时反映,以满足企业内部成本及经营管理的需要。

(3) 成本报表反映的内容要完整。

成本报表中该填报种类、内容、指标、说明以及其他要素,必须根据有关资料,进行必要的加工计算后填报所有应报的内容和指标,各项指标和文字说明要求全面、清楚地反映经济活动中有关成本的各项关系。有必要说明的内容和指标,应按规定加以说明。做到编制的成本报表内容完整,指标齐全。

第二节　成本分析的意义和方法

一、成本分析的意义

成本分析是为了满足企业各管理层了解成本状况及进行经营决策的需要,以成本报表为分析的主要对象,结合其他有关的核算、计划和统计资料,采用一定的方法解剖成本变动原因、经营管理缺陷及业绩的管理活动。

通过成本报表的分析,可以正确认识和掌握成本变动的规律性,不断挖掘企业内部潜力,降低产品成本,提高企业的经济效益。通过成本分析可以进一步明确企业的成本费用状况,可以全面正确地评价企业内部各部门、各单位成本责任的履行情况,肯定成绩,指出存在的问题,以便采取措施,为提高经营管理水平服务,为编制下期成本计划和制定经营决策提供依据。

二、成本分析的方法

成本分析采用的技术方法是多种多样的,它可以采用会计的方法、统计的方法或数学的方法。具体采用什么方法,应根据分析的要求和掌握资料的情况而定。常用的分析方法主要有对比分析法、比率分析法、趋势分析法和因素分析法等。

(一) 对比分析法

对比分析法又称比较法,是实际工作中广泛应用的成本分析方法。它是通过相互关联的经济指标的对比来确定数量差异的一种分析方法。其主要作用在于揭示客观上存在的差距,并为进一步分析指出方向。工业企业各种成本报表的分析都要采用这种方法,因此,可以说是成本分析最基本的方法。对比分析可采取以下几种形式。

(1) 以成本的实际指标与成本计划或定额指标对比,分析成本计划或定额的完成情况。

(2) 以本期实际成本指标与前期(如上年同期或历史最好水平)的实际成本指标对比。通过比较,反映企业成本动态和变化趋势,有助于吸取历史经验,改进成本工作。

(3) 以企业本期实际成本指标与同行业先进水平对比。通过对比,可以反映本企业与国内外先进水平的差距,以便扬长避短,推动企业改进经营管理。

采用对比分析法,必须注意相比指标的可比性。进行对比的各项指标,必须是同质指标的数量比较。另外,对比指标的经济内容、计量单位、计价标准、计算期和前后采用的计算方法等都应具有可比的基础和条件,若相比指标之间有不可比因素,应先按可比的口径进行调整,然后再进行比较。指标的对比可以用绝对数形式,也可以用相对数形式。

(二) 比率分析法

比率分析法是通过计算指标之间的比率,进行数量分析的一种方法。比率分析法主要有相关指标比率分析法和构成比率分析法两种具体形式。

相关指标比率分析法,是通过计算两个性质不同但又相关的指标的比率,并将实际数与计划数(或前期实际数)进行对比分析的一种方法。例如,将成本指标与反映生产、销售等生产经营成果的产值、销售收入、利润指标相比求出的产值成本率、销售成本率、成本利润率,并将实际数与其基数进行比较,就可以反映企业经济效益的好坏。

构成比率分析法是通过计算某项指标的各组成部分占总体的比例进行数量分析的方法。例如,将构成产品成本的各个成本项目同产品成本总额相比,计算其占成本的比例,确定成本的构成比率,通过这种分析,反映产品成本的构成情况。将不同时期的成本构成比率相比较,就可以观察产品成本构成的变动,掌握经济活动情况及其对产品成本的影响。

(三) 趋势分析法

趋势分析法是根据企业连续几个会计期间的成本资料采用列表或绘制统计图的形式来反映,并借以观察企业成本增减变动趋势及变动程度的一种分析方法。下面举例说明这种分析方法。

[例 9-1] 某企业生产的 A 产品 1995—1999 年各年的单位成本如表 9-1 所示。

表 9-1 A 产品单位成本表

年 度	1995	1996	1997	1998	1999
单位成本(元/件)	400	395	380	340	325

A 产品单位成本表表明,A 产品的单位成本是逐年降低的,为了进一步说明成本降低的程度,可计算两种趋势百分比。

一种是定比趋势百分比。基本做法是:选定某年为基年(假定以 1995 年为基年),计算连续各年的趋势百分比,这一百分比说明其他各年的成本占基年成本水平的比例。上例中，定比趋势百分比的计算结果如表9－2所示。

表9－2 定比趋势百分比计算表

年　度	1995	1996	1997	1998	1999
单位成本变动	100％	98.75％	95％	85％	81.25％

上述计算结果表明，1996年A产品的单位成本比1995年降低了1.25％，1997年比1995年降低了5％，1998年比1995年降低了15％，1999年比1995年降低了18.75％。

为了分别确定各年A产品的单位成本比上年降低的幅度，则需要计算一个环比趋势百分比，其计算结果如表9－3所示。

表9－3 环比趋势百分比计算表

年　度	1995	1996	1997	1998	1999
单位成本变动	100％	98.75％	96.20％	89.47％	95.60％

上述计算结果表明，1996年A产品的单位成本比1995年降低了1.25％，1997年比1996年降低了3.8％，1998年比1997年降低了10.53％，1999年比1998年降低了4.40％。由此可见，1998年A产品单位成本降低的幅度最大，应进一步查明原因。

(四) 因素分析法

因素分析法是将某一综合性指标分解为若干个相互联系的因素，并分别计算、分析每个因素对综合性指标影响程度的分析方法。因素分析按其综合指标中各构成因素的相互关系，又可分为简单因素分析和复杂因素分析。简单因素分析指综合指标的各构成因素之间没有直接的关系，分析一因素的变动对综合指标的影响时，排除其他因素不至于造成错误的分析结果。复杂因素分析指综合指标的各构成因素之间有一定的连带关系，分析某一因素的变动对综合指标变动的影响时，排除了其他任何一个因素，都将会造成错误的分析结果。在此情况下，通常用连环替代法进行分析。

连环替代法是用来计算几个相互联系的因素对综合指标变动影响程度的一种分析方法。其基本分析程序为：

(1) 确定分析指标由哪几个因素组成，并确定各个因素与指标的关系，如加减关系、乘除关系等，用计算公式加以表述。

(2) 按照公式以基数为基础加以计算，得出结果。

(3) 按照公式中所列因素的同一顺序，逐次以各因素的实际数替换其基数，每次替换后实际数就被保留下来。有几个因素就替换几次，直到所有因素都变成实际数为止。每次替换后都求出新的计算结果。

(4) 每次替换后的所得结果，与其相邻的前一次计算结果相比较，两者的差额就是某一因素变动对综合指标变动的影响程度。

(5) 计算各因素变动影响差额的代数和。这个代数和应等于被分析指标实际数与基数的总差异额。

假定某成本指标 N 受 A、B、C 三因素影响，关系式为 $N=A\times B\times C$。因此，其计划成本与实际成本指标可分别列示如下：

$$\textbf{计划成本}\ N_1 = A_1 \times B_1 \times C_1$$

$$\textbf{实际成本}\ N_2 = A_2 \times B_2 \times C_2$$

$$\textbf{差异额}\ G = N_1 - N_2$$

计算程序是：

第一次替代，假定 A 变，B、C 保持计划成本不变，则 $N_3=A_2\times B_1\times C_1$，$(N_3-N_1)$ 就表示 A 因素变动的影响。

第二次替代，假定 B 变，A 已变，C 保持不变，则 $N_4=A_2\times B_2\times C_1$，$(N_4-N_3)$ 就表示 B 因素变动的影响。

第三次替代，假定 C 变，A、B 已变，则实际成本 $N_2=A_2\times B_2\times C_2$，$(N_2-N_4)$ 就表示 C 因素变动的影响。

最后，将 A、B、C 三个因素变动的影响程度相加：

$$(N_3 - N_1) + (N_4 - N_3) + (N_2 - N_4) = N_2 - N_1 = G$$

从上式看，三个因素变动的差异之和与前面计算的实际成本脱离计划成本的总差异是相符的，这就确定了各因素对成本升降的影响程度，并可以确定各个因素所占差异的比例，为制订降低成本方案，提供了具体可靠的依据。

从上述计算程序中，可以看出连环替代法具有以下特点。

(1) 计算程序的连续性。上述计算是严格按照各因素的排列顺序，逐次以一个因素的实际数替代计划数。除第一次替代外，每一个因素的替代都是在前一个因素替代的基础上进行的。

(2) 因素替代的顺序性。运用连环替代法的一个重要问题，就是要正确确定各因素的替代顺序。替代顺序一经确定，不应随意变更。如果改变各因素的替代顺序，计算同一因素变动影响时，会得出不同的计算结果。替代顺序确定的一般做法是：在分析的因素中，如果既有数量指标又有质量指标，应先查明数量指标的变动影响，然后再查明质量指标的变动影响；如果既有实物量指标又有价值量指标，应先替代实物量指标，再替代价值量指标。如果有好几个质量指标或数量指标，就要分清哪个是基本的因素，哪个是次要的因素，然后再确定替代顺序。

(3) 计算条件的假定性。运用连环替代法在测定某一因素变动影响时，是以假定其他因素不变为前提的。因此，计算结果也只能说明是在某种假定条件下的结果。这种科学的抽象方法，是在确定事物内部各种因素影响程度时必不可少的。

第三节　产品成本报表的编制和分析

一、产品生产成本表的编制和分析

(一) 产品生产成本表的编制

产品生产成本表是反映企业在报告期内生产的全部产品总成本的报表。产品生产成本表一般分为两种：一种按成本项目反映，另一种按产品种类反映。两种报表有各自不同的作用、结构和编制方法。

1. 按成本项目反映的产品生产成本表的编制

按成本项目反映的产品生产成本表是按成本项目汇总反映企业在报告期内发生的全部生产费用以及产品生产成本合计数的报表。该表一般由生产费用和产品生产成本两部分构成。生产费用部分按成本项目反映报告期内发生的各种生产费用及其合计数；在此基础上加上在产品和自制半成品的期初余额，算出产品生产成本的合计数。这些费用和成本，都可按上年实际数、本年计划数、本月实际数和本年累计实际数，分栏反映。这种报表的格式如表 9－4 所示。

表 9－4　产品生产成本表

（按成本项目反映）

＊＊工厂　　20＊＊年 12 月　　单位：元

项　　目	上年实际	本年计划	本月实际	本年累计实际
生产费用				
直接材料	32 118	31 076	2 600	30 529
直接人工	10 552	11 384	892	12 032
制造费用	11 647	10 545	954	9 763
生产费用合计	54 317	53 005	4 446	52 324
加：在产品、自制半成品期初余额	3 212	3 010	251	2 089
减：在产品、自制半成品期末余额	2 089	3 615	289	1 038
产品生产成本合计	55 440	52 400	4 408	53 375

产品生产成本表按成本项目反映可以反映报告期内全部产品生产费用的支出情况和各种费用的构成情况；将本表本年累计实际数与本年计划数和上年实际数相比较，可以考核和分析年度生产费用及产品生产成本计划执行情况及本年比上年生产费用及产品生产

成本的升降情况。

该表的填列方法如下：

(1) 上年实际数应根据上年12月份本表的本年累计实际数填列。

(2) 本年计划数应根据成本计划有关资料填列。

(3) 本年累计实际数应根据本月实际数，加上上月份本表的本年累计实际数计算填列。

(4) 按成本项目反映的本月各种生产费用数，根据各种产品成本明细账所记本月生产费用合计数，按照成本项目分别汇总填列。

(5) 期初、期末在产品、自制半成品的余额，根据各种产品成本明细账的期初、期末在产品成本和各种自制半成品明细账的期初、期末余额分别汇总填列。

(6) 产品生产成本合计数根据表中的生产费用合计数，加、减在产品、自制半成品期初、期末余额求得。

2. 按产品种类反映的产品生产成本表的编制

按产品种类反映的产品生产成本表，是按产品种类汇总反映企业在报告期内生产的全部产品的单位成本和总成本的报表。通过本表，可以了解企业全部产品成本计划的执行情况，以及可比产品成本降低任务的完成情况，对企业成本工作进行一般评价。

按产品种类反映的产品生产成本表的结构分为基本报表和补充资料两部分，报表格式如表9-5所示。

基本报表部分应按可比产品和不可比产品分别反映其单位成本和总成本。可比产品是指企业以前年度或上年度正式生产过，有完整的成本资料可以进行比较的产品。不可比产品是指以前年度或上年度未正式生产过的产品，缺乏可比的成本资料。在成本计划中，对不可比产品只规定有本年度的计划成本，而对可比产品不仅规定有计划成本指标，而且规定有成本降低计划指标，即本年度可比产品计划成本比上年度（或以前年度）实际成本的降低额和降低率。对可比产品而言，因需要同上年度实际成本作比较，所以表中不仅要列示本期的计划成本和实际成本，而且还要列示按上年实际平均单位成本计算的总成本。对不可比产品而言，因没有上年的实际单位成本资料，所以只列示计划成本和实际成本。

本表基本报表部分的填列方法如下：

(1) “产品名称”栏按企业规定的主要商品产品的品种分项填列。

(2) “实际产量”栏根据成本计算单或产成品明细账等资料所记录的本月和从年初起到本月末止的各种主要产品实际产量填列。

(3) “单位成本”栏分别按上年度本表所列各种可比产品的全年实际平均单位成本、年度成本计划的有关数字以及本年度成本计算单的有关数字填列。

(4) “本月总成本”栏按本月产品产量分别乘以上年实际平均单位成本、本年计划单位成本和本月实际单位成本的积填列。

表 9-5　产品生产成本表

（按产品种类反映）

编制单位：** 工厂　　　　20 ** 年 12 月　　　　单位：元

产品名称	规格	计量单位	实际产量			单位成本				本月总成本			本年累计总成本		
			本月实际	本年计划	本年实际累计	上年实际平均	本年计划	本月实际	本年累计实际平均	按上年实际平均单位成本计算	按本年计划单位成本计算	本月实际	按上年实际平均单位成本计算	按本年计划单位成本计算	本年实际
可比产品合计	×	×	×	×	×	×	×	×	×	34 750	33 760	32 775	442 300	431 600	434 160
其中：															
(1) 甲产品		件	19	190	230	650	640	625	642	12 350	12 160	11 875	149 500	147 200	147 660
(2) 乙产品		件	20	280	300	760	750	735	763	15 200	15 000	14 700	228 000	225 000	228 900
(3) 丙产品		件	20	220	180	360	330	310	320	7 200	6 600	6 200	64 800	59 400	57 600
不可比产品合计											1 261	1 249	×	11 099	10 899
其中：															
(1) 丁产品		件	8	68	70	×	125	128	126	×	1 000	1 024	×	8 750	8 820
(2) 子产品		件	3	25	27	×	87	75	77	×	261	225	×	2 349	2 079
产品成本合计	×	×	×	×	×	×	×	×	×	×	35 021	34 024	×	442 699	445 059

补充资料：① 可比产品成本降低额：8 140 元；　② 可比产品成本降低率：1.84%；
③ 计划成本降低额：－2 360 元；　④ 计划成本降低率：－0.53%。

(5)“本年累计总成本”栏按本年累计实际产品产量分别乘以上年实际平均单位成本、本年计划单位成本和本年累计实际单位成本的积填列。

(6) 补充资料中,可比产品的成本降低额和降低率,可按下列公式计算后填列:

$$\text{可比产品成本降低额} = \text{按上年实际平均单位成本计算的可比产品总成本} - \text{本年可比产品实际总成本}$$

$$\text{可比产品成本降低率} = \frac{\text{可比产品成本降低额}}{\text{按上年实际平均单位成本计算的可比产品总成本}} \times 100\%$$

根据表 9－5 的资料可计算如下:

$$\text{可比产品成本降低额} = 442\ 300 - 434\ 160 = 8\ 140(\text{元})$$

$$\text{可比产品成本降低率} = \frac{8\ 140}{442\ 300} \times 100\% = 1.84\%$$

产品计划成本降低额和降低率,可按下列公式计算求得:

$$\text{产品计划成本降低额} = \text{按本年计划单位成本计算的本年累计总成本} - \text{本年实际总成本}$$

$$\text{产品计划成本降低率} = \frac{\text{计划成本降低额}}{\text{按本年计划单位成本计算的本年累计总成本}} \times 100\%$$

根据表 9－5 的数据可计算如下:

$$\text{产品计划成本降低额} = (431\ 600 + 11\ 099) - (434\ 160 + 10\ 899) = -2\ 360(\text{元})$$

$$\text{产品计划成本降低率} = \frac{-2\ 360}{442\ 699} \times 100\% = -0.53\%$$

(二) 产品生产成本表的分析

利用产品生产成本表可以进行以下分析。

1. 全部产品成本计划完成情况分析

在产品成本表中,将全部产品的实际成本同计划成本进行比较,并分别考察可比产品成本和不可比产品成本的超支和节约情况,对企业全部产品成本计划的完成情况有个总括的了解,并为进一步进行成本分析指出方向。根据表 9－5 的有关资料,编制全部产品计划完成情况分析表,如表 9－6 所示。

表 9－6　本年累计全部产品成本计划完成情况分析表

产 品 名 称	计划总成本(元)	实际总成本(元)	实际比计划升降额(元)	实际比计划升降率(%)
一、可比产品 其中:	431 600	434 160	2 560	0.59
甲	147 200	147 660	460	0.31

续 表

产品名称	计划总成本(元)	实际总成本(元)	实际比计划升降额(元)	实际比计划升降率(%)
乙	225 000	228 900	3 900	1.73
丙	59 400	57 600	-1 800	-3.03
二、不可比产品	11 099	10 899	-200	-1.80
其中:				
丁	8 750	8 820	70	0.80
子	2 349	2 079	-270	-11.50
合 计	442 699	445 059	2 360	0.53

从表中可以看出,全部产品的实际成本超过计划成本 2 360 元,升高了 0.53%。其中,可比产品成本实际比计划超支 2 560 元,主要是甲产品超支 460 元和乙产品超支 3 900 元,而丙产品成本是降低的;不可比产品成本实际比计划节约,是由丁产品成本略有超支和子产品成本较大幅度降低综合作用所致。显然,进一步分析的重点应查明乙产品成本超支和丙产品成本节约的原因。

2. 可比产品成本分析

可比产品成本分析的目的,在于揭示可比产品成本降低任务的完成情况,查明影响可比产品成本升降的因素及其影响程度。所以,可比产品成本分析的内容主要包括:可比产品成本降低任务完成情况的分析,以及影响可比产品成本降低任务完成情况的因素分析。

(1) 可比产品成本降低任务完成情况分析

可比产品成本降低计划指标和计划完成情况的资料,分别反映在企业的成本计划和成本报表中。

假定举例企业本年可比产品成本降低计划,如表 9-7 所示。

表 9-7 可比产品成本降低计划表

可比产品	全年计划产量(件)	单位成本(元/件)		总成本(元)		计划降低指标	
		上年实际平均	本年计划	按上年实际平均单位成本计算	按本年计划单位成本计算	降低额(元)	降低率(%)
甲	190	650	640	123 500	121 600	1 900	1.54
乙	280	760	750	212 800	210 000	2 800	1.32
丙	220	360	330	79 200	72 600	6 600	8.33
合计	—	—	—	415 500	404 200	11 300	2.72

表中,可比产品计划降低额 = 415 500 - 404 200 = 11 300(元)

可比产品计划降低率 = 11 300/415 500 × 100% = 2.72%

可比产品成本降低计划的完成情况，如根据表9－5编制的分析表9－8所示。

表9－8 可比产品成本降低计划完成情况分析表

可比产品	总成本(元)		计划完成情况	
	按上年实际平均单位成本计算	本年实际	降低额(元)	降低率(%)
甲	149 500	147 660	1 840	1.23
乙	228 000	228 900	−900	−0.39
丙	64 800	57 600	7 200	11.11
合计	442 300	434 160	8 140	1.84

实际与计划比较如下：

	计划	实际	差异
降低额(元)	11 300	8 140	−3 160
降低率(%)	2.72	1.84	−0.88

由此可见，可比产品成本降低计划没有完成，实际比计划少降低3 160元，或0.88%。企业应进一步查明原因。

(2) 影响可比产品成本降低计划完成情况的因素分析

在生产多种可比产品的条件下，影响可比产品成本降低任务完成的因素有三个，即产品产量、产品品种结构和产品单位成本。

(a) 产品产量变动的影响

成本降低计划是根据计划产量制定的，而实际降低额和降低率都是根据实际产量计算的。因此，产品产量的增减，必然会影响可比产品成本降低计划的完成情况。但是产量变动有其特点：假定其他条件不变，单纯产量变动，只影响成本降低额，而不影响成本降低率。其变动金额的计算公式为：

$$\text{产量变动对降低额的影响值} = \sum\left[\left(\text{本年实际产量} - \text{本年计划产量}\right) \times \text{上年实际单位成本}\right] \times \text{计划降低率}$$

按上例，可比产品成本计划降低率为2.72%，由于单纯产量变动对降低额的影响值为：

$$[(230-190)\times 650+(300-280)\times 760+(180-220)\times 360]\times 2.72\% = 728.96(\text{元})$$

(b) 产品品种结构变动的影响

由于各种产品的成本降低程度不同，有的大些，有的小些；有的节约，有的超支。因而当产品品种结构发生变动时，就会影响可比产品成本降低额和降低率升高或降低。产品品种结构变动对成本降低额和降低率的影响值可按下列公式计算：

$$\text{品种结构变动对降低额的影响值}=\sum\left[\text{本年实际产量}\times\left(\text{上年实际单位成本}-\text{本年计划单位成本}\right)\right]-\sum\left(\text{本年实际产量}\times\text{上年实际单位成本}\right)\times\text{计划降低率}$$

$$\text{品种结构变动对降低率的影响值}=\frac{\text{品种结构变动对降低额的影响值}}{\sum\left(\text{本年实际产量}\times\text{上年实际单位成本}\right)}\times 100\%$$

按上例，由于产品品种结构变动对降低额和降低率的影响值计算结果如下：

$$\text{品种结构变动对降低额的影响值}=[230\times(650-640)+300\times(760-750)+180\times(360-330)]-[(230\times 650+300\times 760+180\times 360)\times 2.72\%]=-1\,330.56(\text{元})$$

$$\text{品种结构变动对降低率的影响值}=\frac{-1\,330.56}{442\,300}\times 100\%=-0.30\%$$

(c) 产品单位成本变动的影响

可比产品成本计划降低额是本年计划成本比上年度实际成本的降低数，而实际降低额则是本年度实际成本比上年度实际成本的降低数。因此，当本年度可比产品实际单位成本比计划单位成本降低或升高时，必然会引起成本降低额和成本降低率的变动。产品单位成本变动影响的成本降低额和成本降低率可用下列公式计算：

$$\text{单位成本变动对降低额的影响值}=\sum\left[\text{实际产量}\times\left(\text{计划单位成本}-\text{实际单位成本}\right)\right]$$

$$\text{单位成本变动对降低率的影响值}=\frac{\text{单位成本变动对降低额的影响值}}{\sum\left(\text{实际产量}\times\text{上年实际单位成本}\right)}\times 100\%$$

根据上例资料，由于单位成本变动对成本任务完成情况的影响程度计算如下：

$$\text{单位成本变动对降低额的影响值}=230\times(640-642)+300\times(750-763)+180\times(330-320)=-2\,560(\text{元})$$

$$\text{单位成本变动对降低率的影响值}=\frac{-2\,560}{230\times 650+300\times 760+180\times 360}\times 100\%=-0.58\%$$

根据以上计算结果，可以对可比产品成本降低计划完成情况作出总括评价。

总地看，企业未完成可比产品成本降低计划，实际比计划少降低 3 100 元，或为

0.88%。原因主要是由于产品单位成本升高，使成本少降低 2 560 元，或 0.58%。其中主要是甲、乙产品成本升高，而丙产品成本是降低的。此外，品种结构变动也使成本实际比计划少降低 1 330.56 元，而产量增加使成本实际比计划多降低了 728.96 元。对于这一变动原因需结合生产和销售分析查明原因。根据总评价提出的问题，在深入查明实际原因后，才能明确企业工作中的成绩、问题，从而对上述可比产品成本降低计划的完成情况作出具体确切的评价，为今后指出努力的方向。

二、主要产品单位成本表的编制与分析

(一) 主要产品单位成本表的编制

主要产品单位成本表是反映企业一定时期内主要产品生产成本水平、变动情况及构成情况的成本报表。通过该表，可以反映出主要产品单位成本的变动，并可分析产品成本变动的原因。

主要产品单位成本表可以分设产量、单位成本和主要技术经济指标三部分。其格式和具体内容如表 9-9 所示。

表 9-9　主要产品单位成本表

20×1 年 12 月

本月计划产量：16 件
本月实际产量：19 件

产品名称：甲　　计量单位：件　　本年累计计划产量：190 件
产品规格：* *　　销售单价：750 元　　本年累计实际产量：230 件

成本项目		历史先进水平 20 ** 年	上年实际平均	本年计划	本月实际	本年累计实际平均
原材料(元/件)		380	390	390	385	388
燃料及动力(元/件)		32	41	38	32	45
工资及福利费(元/件)		65	70	66	60	72
制造费用(元/件)		133	149	146	148	137
产品单位成本(元/件)		610	650	640	625	642
主要技术经济指标	计量单位	耗用量	耗用量	耗用量	耗用量	耗用量
A 材料	kg	43	50	45	44	45
B 材料	kg	24	30	25	27	29.5

表中各项数字填列方法如下：

(1) 产量：本月及本年累计计划产量应根据生产计划填列；本月及本年累计实际产量应根据产品成本明细账或产成品成本汇总表填列；销售单价应根据产品定价表填列。

(2) 单位成本：历史先进水平，应根据历史上该种产品成本最低年度本表的“本年累计实际平均”栏填列；上年实际平均单位成本，应根据上年度本表的“本年累计实际平均”

栏填列；本年计划单位成本，应根据本年度成本计划填列；本月实际单位成本，应根据产品成本明细账或产成品成本汇总表填列；本年累计实际平均成本，应根据该种产品成本明细账所记自年初至报告期末完工入库产品实际总成本除以累计实际产量填列。

表9-9中，上年实际平均、本年计划、本月实际和本年累计实际平均的单位成本，应与产品成本表该种产品相应的单位成本核对相符。

(3) 主要技术经济指标：本例中指该种产品的主要原材料的耗用量，应根据业务技术核算资料填列。

(二) 主要产品单位成本表的分析

在对企业全部产品及可比产品成本减低任务完成情况进行全面分析的基础上，应对企业主要产品进行深入分析。分析主要产品单位成本，可以揭示各种产品单位成本及其各个成本项目的变动情况，确定产品结构、工艺和操作方法的改变以及有关技术经济指标变动对产品单位成本的影响，查明产品单位成本升降的原因，以便取得降低成本的具体途径。

分析主要依据主要产品单位成本表、成本计划和各项消耗定额资料，以及反映各项经济技术指标的业务技术资料等，首先分析单位成本实际数和基准数的差异，确定单位成本是升高还是降低了，升降幅度是多少；然后再按成本项目分别进行比较分析，考察每个项目的升降情况；最后，可针对某些主要项目的升降情况，作进一步深入的分析，查明引起项目成本升降的原因。

1. 主要产品单位成本变动情况分析

从表9-9可以看出，甲产品本月实际单位成本比本年计划上年实际全年累计实际平均都降低了，虽然还未达到历史最好水平，但总的情况是好的。从成本项目对比中可以看出，甲产品单位成本降低的主要原因是由于原材料、燃料及动力、工资及福利费的节约，说明企业在降低甲产品原材料、燃料及动力消耗方面，在改进甲产品的生产和劳动组织、提高劳动生产率方面采取了措施，取得了成绩。但是，也要看到制造费用本月实际比计划超支了，说明还存在薄弱环节。为了查明甲产品单位成本及其成本项目变动的原因，还须进一步对各个成本项目，特别是重点项目，即变动影响大的项目作深入具体的分析。

2. 主要成本项目分析

构成产品成本的项目多而复杂，下面我们以直接材料、直接人工和制造费用等几个主要成本项目为例，说明分析的一般步骤和方法。

(1) 直接材料项目的分析

影响产品单位成本中材料费用的基本因素为单位产品材料消耗量和材料单价。其变动影响的计算公式如下：

$$\text{材料耗用量变动的影响} = \sum(\text{实际单位耗用量} - \text{基准单位耗用量}) \times \text{基准价格}$$

$$\text{材料单价变动的影响} = \sum(\text{实际单价} - \text{基准单价}) \times \text{实际耗用量}$$

上式中的“基准数”指的是计划数、定额数、上年实际平均、历史或行业先进水平等数值。

假定甲产品耗用材料单价及单位产品材料消耗量资料如表 9－10 所示。

表 9－10　甲产品材料单耗及单价资料表

材料名称	单耗(kg)			单价(元/kg)		
	上年实际	本年计划	本年实际	上年实际	本年计划	本年实际
A	50	45	45	4.5	5	6
B	30	25	29.5	5.5	6.6	4

根据上述资料编制甲产品直接材料成本变动分析表，如表 9－11 所示。

表 9－11　直接材料成本变动分析表

20 ** 年 12 月

产品名称：甲

材料名称	单耗(kg)			单价(元/kg)			单位成本(元)			本年比上年(元)			本年比计划(元)		
	上年实际	本年计划	本年实际	上年实际	本年计划	本年实际	上年实际	本年计划	本年实际	变动额	量差	价差	变动额	量差	价差
	①	②	③	④	⑤	⑥	⑦	⑧	⑨	⑩	⑪	⑫	⑬	⑭	⑮
A	50	45	45	4.5	5	6	225	225	270	45	−22.5	67.5	45	0	45
B	30	25	29.5	5.5	6.6	4	165	165	118	−47	−2.75	−44.25	−47	29.7	−76.7
合计							390	390	388	−2	−25.25	23.25	−2	29.7	−31.7

上表中，⑦：①×④；⑧：②×⑤；⑨：③×⑥；⑩：⑦－⑨；⑪：(③－①)×④；⑫：(⑥－④)×③；⑬：⑧－⑨；⑭：(③－②)×⑤；⑮：(⑥－⑤)×③

根据表 9－11 的分析，甲产品直接材料成本本年与上年相比降低了 2 元，其中消耗量变动使材料成本降低了 25.25 元，由于材料价格变动使材料成本比上年超支 23.25 元。具体说来，是由 A 材料消耗量下降和价格上升，同 B 材料消耗量降低和价格降低共同作用的结果。本年与计划相比节约 2 元，其中，消耗量变动使材料成本比计划超支 29.7 元，由于材料单价变动使材料成本节约 31.7 元。具体说来，是由 A 材料消耗量下降和价格上升，同 B 材料消耗量上升和价格降低综合作用的结果。对于 B 材料消耗量比计划超支的情况，应进一步查明原因。

(2) 直接人工项目的分析

分析产品单位成本中的直接人工费用，必须按照不同的工资制度和工资计入成本的方法来进行。在计件工资制度下,计件单价不变,单位成本中的工资费用一般也不变,除非生产工艺或劳动组织方面有所改变,或者出现了问题。在计时工资制度下,如果企业生产多种产品,产品成本中的工资费用一般是按生产工时比例分配计入的。这时,影响产品成本中的直接人工成本的基本因素是单位产品工时消耗量和小时工资额。其中,小时工资额等于直接人工的工资总额除以工时消耗总额。它是反映直接生产工人平均工资水平的重要指标。小时工资额越高,单位产品中包含的工资费用也越高。单位产品的工时消耗量反映劳动生产率的高低。劳动生产率越高,单位产品的工时消耗则越少。提高劳动生产率是降低单位产品直接人工成本的主要途径。

单位产品工时消耗量和小时工资额对单位产品工资成本的影响程度可用下列计算公式:

$$\begin{matrix}\text{工时消耗量}\\\text{变动的影响}\end{matrix}=\sum\left[\left(\begin{matrix}\text{实际单位}\\\text{工时消耗量}\end{matrix}-\begin{matrix}\text{基准单位}\\\text{工时消耗量}\end{matrix}\right)\times\text{基准小时工资额}\right]$$

$$\begin{matrix}\text{小时工资额}\\\text{变动的影响}\end{matrix}=\sum\left[\left(\begin{matrix}\text{实际小时}\\\text{工资额}\end{matrix}-\begin{matrix}\text{基准小时}\\\text{工资额}\end{matrix}\right)\times\text{实际单位工时消耗量}\right]$$

同样,公式中的"基准数"指的是计划数、定额数、上年实际平均、历史或行业先进水平等数值。

仍以甲产品为例,其有关直接人工成本分析如表 9-12 所示。

表 9-12　甲产品单位直接人工成本分析表

20 ** 年 12 月

项　　目	本年计划	本年实际	变动额	工时消耗变动影响	小时工资额变动影响
单位产品工时消耗量(h)	33	40	7	—	—
小时工资额(元/h)	2	1.8	−0.2	—	—
单位产品直接人工成本(元)	66	72	6	14	−8

分析结果表明,甲产品单位直接人工成本比计划超支 6 元,是单位产品工时消耗量增加和小时工资额降低共同作用的结果。其中,由于单位工时消耗量的增加使单位产品直接人工成本增加了 14 元;小时工资额的减少,使单位产品直接人工成本降低了 8 元。企业应在提高劳动生产率,降低单位产品工时消耗方面采取强有力措施。

(3) 制造费用项目的分析

企业生产单位的制造费用是以分配的方式计入产品成本的。其分配基础通常是工时消耗量。那么,影响产品单位成本中制造费用的基本因素是单位产品工时消耗量和小时费用分配率。单位产品工时消耗量越多,小时费用分配率越高,该产品负担的制造费用也越多。

单位产品工时消耗量和小时费用分配率对单位成本中制造费用变动的影响可用下列

公式计算分析：

$$\text{工时消耗量变动的影响} = \left(\text{实际单位工时消耗量} - \text{基准单位工时消耗量}\right) \times \text{基准小时费用分配率}$$

$$\text{小时费用分配率变动的影响} = \left(\text{实际小时费用分配率} - \text{基准小时费用分配率}\right) \times \text{实际单位工时消耗量}$$

仍以甲产品为例，制造费用分析结果如表 9－13 所示。

表 9－13　甲产品单位成本制造费用分析表

20 ** 年 12 月

项　　目	本年计划	本年实际	变动额	工时消耗变动影响	费用分配率变动影响
单位产品工时消耗量(h)	33	40	7	—	—
小时费用分配率	4.424	3.425	－0.999	—	—
单位产品制造费用(元)	146	137	－9	30.97	－39.97

分析结果表明，单位制造费用比计划降低 9 元的是小时费用分配率的降低和工时消耗量升高所共同造成的，小时费用分配率的降低抵消了劳动生产率低下对产品单位成本的不利影响。

在进行上述产品成本计划完成情况分析时，需注意以下几个问题。

第一，成本计划本身的正确性。计划如果不正确、不科学，就难以作为衡量的标准和考核的依据。尤其是不可比产品，因为过去没有正式生产过，缺乏完整、可靠的历史成本资料作为制订计划的依据，所以在分析时更应注意计划是否合理。

第二，成本核算资料的真实性。如果成本计划是正确的，而成本核算资料不真实，也难以正确地分析和评价企业成本计划的完成程度及生产经营的经济效益。因此，在分析时，必须确保成本核算资料的真实性。检查成本核算资料是否真实，关键是看生产费用的归集和分配是否严格遵守了规定的成本开支范围，是否正确划分了各个月份、各种产品及完工产品与在产品之间的费用界限，有无乱计成本、少计成本等任意调剂成本的现象。

第三，为了分清车间或部门在降低成本方面的主观努力和客观因素影响，划清经济责任，在评价成本工作时，应从实际成本中扣除客观因素和相关车间、部门工作的影响。

第四节　各种费用报表的编制和分析

各种费用是指企业在生产经营过程中，各个车间、部门所发生的制造费用、销售费用、财务费用和管理费用，其中制造费用是产品成本的组成部分，后三种费用属于期间费用。

编制上述费用报表的作用在于反映各该费用计划的执行情况，分析各种费用变动的原因以及对产品成本和当期损益的影响。

一、各种费用报表的编制

1. 制造费用明细表

制造费用明细表是反映企业生产单位一定时期内为组织和管理生产所发生费用总额和各明细项目数额的报表。该表按费用项目分别以“上年同期实际”“本年计划”“本月实际”“本年累计实际”进行反映。通过本年累计实际与上年同期实际比较，可以了解制造费用各项目的变动情况，从动态上研究其特征及其发展规律，本年累计实际与本年计划相比，可以反映制造费用计划完成情况及节约或超支的原因。制造费用明细表的格式如表 9－14 所示。

表 9－14　制造费用明细表

20 ** 年 12 月　　　　单位：元

项　　目	本年计划	上年同期实际	本月实际	本年累计实际
工资	78 000	80 000		78 500
职工福利费	10 920	11 250		10 990
折旧费	95 000	90 000		95 000
修理费	6 700	7 000		6 000
办公费	4 500	4 700		4 200
水电费	32 000	28 000		27 000
机物料消耗	2 300	2 600		2 400
劳动保护费	5 700	6 150		5 800
低值易耗品摊销	3 500	3 725	（略）	3 250
差旅费	21 000	18 960		18 500
租赁费	8 000	8 000		7 500
运输费	5 000	5 300		4 800
保险费	1 200	1 000		1 000
设计制图费	2 500	2 650		2 500
试验检验费	1 500	1 500		1 300
在产品盘亏和毁损(减盘盈)	300	280		250
其他	800	750		700
合　计	278 920	271 865		269 690

企业为反映各生产单位各期制造费用的情况，制造费用明细表可分别按月进行编制。表中“本年计划”数应根据成本计划中的制造费用计划填列；“上年同期实际”数应根据上年同期本表的“本月实际”填列；“本月实际”数应根据“制造费用”总账科目所属各基本生产车间制造费用明细账的本月合计数汇总填列；“本年累计实际”数应根据这些制造费用明细账的月合计数汇总计算填列。

2. 销售费用明细表

销售费用明细表是反映企业销售部门在一定时期内在销售过程中所发生的费用总额

及预算执行情况的报表，其格式如表 9－15 所示。

表 9－15　销售费用明细表

20 ** 年 12 月　　　　单位：元

项　　目	本年计划	上年同期实际	本月实际	本年累计实际
工资 职工福利费 折旧费 业务费 装卸费 包装费 低值易耗品摊销 差旅费 租赁费 运输费 保险费 展览费 广告费 销售部门办公费 委托代销手续费 销售服务费 其他	（略）	（略）	（略）	（略）
合　计				

此表按产品销售费用项目分别反映各该费用的本年计划数、上年同期实际数、本月实际数和本年累计实际数。其中，“本年计划”数应根据本年度产品销售费用计划填列；“上年同期实际”数应根据上年同期本表的“本月实际”数填列；“本月实际”数应根据“产品销售费用”明细账的本月合计数填列；“本年累计实际”数应根据这些“产品销售费用”明细账的本月末累计数填列。

3. 财务费用明细表

财务费用明细表是反映企业在一定时期内所发生的财务费用总额及预算执行情况的报表，其格式如表 9－16 所示。

表 9－16　财务费用明细表

20 ** 年 12 月　　　　单位：元

项　　目	本年计划	上年同期实际	本月实际	本年累计实际
利息支出（减利息收入） 汇兑损失（减汇兑收益） 金融机构手续费 其他筹资费用	（略）	（略）	（略）	（略）
合　计				

此表按财务费用项目分别反映各该费用的本年计划数、上年同期实际数、本月实际数和本年累计实际数。其中,“本年计划”数应根据本年度产品财务费用计划填列;“上年同期实际”数应根据上年同期本表的“本月实际”数填列;“本月实际”数应根据“财务费用”明细账的本月合计数填列;“本年累计实际”数应根据这些“财务费用”明细账的本月末累计数填列。

4. 管理费用明细表

管理费用明细表是反映企业管理部门在一定时期内为组织和管理所发生的费用总额及预算执行情况的报表,其格式如表 9-17 所示。

表 9-17 管理费用明细表

20 ** 年 12 月

单位:元

项目	本年计划	上年同期实际	本月实际	本年累计实际
工资 职工福利费 折旧费 办公费 差旅费 租赁费 运输费 保险费 修理费 咨询费 诉讼费 排污费 绿化费 物料消耗 低值易耗品摊销 无形资产摊销 递延费用摊销 坏账损失 研究开发费 技术转让费 业务招待费 工会经费 职工教育经费 待业保险费 劳动保险费 税金: 房产税 车船使用税 土地使用税 印花税 …… 其他	(略)	(略)	(略)	(略)
合计				

此表按管理费用项目分别反映各该费用的本年计划数、上年同期实际数和本年累计实际数。其中,“本年计划”数应根据公司(总厂)或企业行政管理部门的本年度管理费用计划填列;“上年同期实际”数应根据上年同期本表的“本年累计实际”数填列;“本月实际”数应根据“管理费用”明细账的本月合计数填列;“本年累计实际”数应根据这些“管理费用”明细账的本月末累计数填列。

二、各种费用报表的分析

制造费用、销售费用、财务费用和管理费用,虽然各自的经济用途不同,但是,它们都是由许多具有不同性质和不同用途的费用组成的。这些费用支出的节约或浪费,往往与企业的行政管理部门和生产部门工作的质量和有关责任制度、节约制度的贯彻执行情况密切相关。因此,向有关部门、车间编报上述各费用明细表,并加以分析,不仅是促进节约各项费用支出、不断降低成本的重要途径,同时也是推动企业改进生产经营管理,提供工作效率的重要措施。

对上述各种费用进行分析,首先应根据表中数据以本年实际与本年计划相比,确定实际脱离计划差异,并分析差异产生的原因。由于各种费用所包括的具体费用项目具有不同的经济性质和经济用途,其变动受不同因素的影响,因此,在分析时应按各具体项目分别确定实际脱离计划差异。同时,要注意不同费用项目支出的特点,不能简单地把任何超过计划的费用支出都看成是不合理的;同样,对某些实际小于计划的费用支出也要作具体分析,它并不一定就表明企业的工作成绩。例如,制造费用中的劳动保护费、修理费、试验检验费的减少,就可能是企业工作中存在的问题。因为,不按计划进行与这些费用发生相应的活动或采取必要的措施,有可能造成劳动生产率下降和产品质量下降,甚至影响安全生产。总之,不能孤立地看费用是超支了还是节约了,而应结合其他有关情况,结合各项技术组织措施效果,结合各项费用支出的经济效益综合地进行分析和评价。

在按费用组成项目进行分析时,由于项目繁多,不可能面面俱到,因此只能抓住重点,对其中费用支出占总支出比例较大的,或与计划相比发生较大偏差的项目着重进行分析。特别应注意那些非生产性的损失项目,如存货的盘亏和毁损,因为这些费用的发生与企业管理不善密切相关。

在分析了费用的计划完成情况后,还应将本月实际数与上年同期实际数进行比较,以便从动态上分析各项费用的变动情况和变动趋势,了解企业工作的改进情况。

本 章 小 结

(1) 成本报表是根据产品(或经营业务)成本和期间费用的核算资料以及其他有关资料编制的,用以反映和监督企业一定时期产品(或经营业务)成本和期间费用水平及其构成情况的报告文件,是会计报表体系的重要组成部分。

(2) 正确、及时地编制和分析成本报表,对加强成本管理和节约费用支出具有重要作用。

(3) 企业成本报表的编制应符合下列基本要求:① 在会计计量和填报方法上,应保持前后会计期间的一致性;② 成本报表的编制要客观、及时;③ 成本报表反映的内容要完整。

(4) 成本分析是为了满足企业各管理层次了解成本状况及进行经营决策的需要,以成本报表为分析的主要对象,结合其他有关的核算、计划和统计资料,采用一定的方法解剖成本变动原因、经营管理缺陷及业绩的管理活动。

(5) 常用的成本分析方法主要有对比分析法、比率分析法、趋势分析法和因素分析法等。

(6) 对比分析法是通过相互关联的经济指标的对比来确定数量差异的一种分析方法。其主要作用在于揭示客观上存在的差距,并为进一步分析指出方向,是成本分析最基本的方法。

(7) 比率分析法是通过计算指标之间的比率,进行数量分析的一种方法。比率分析法主要有相关指标比率分析法和构成比率分析法两种具体形式。相关指标比率分析法,是通过计算两个性质不同但又相关的指标的比率,并将实际数与计划数(或前期实际数)进行对比分析的一种方法。构成比率分析法是通过计算某项指标的各组成部分占总体的比例进行数量分析的方法。

(8) 趋势分析法是根据企业连续几个会计期间的成本资料采用列表或绘制统计图的形式来反映,并借以观察企业成本增减变动趋势及变动程度的一种分析方法。

(9) 因素分析法是将某一综合性指标分解为若干个相互联系的因素,并分别计算、分析每个因素对综合性指标影响程度的分析方法。因素分析按其综合指标中各构成因素的相互关系,又可分为简单因素分析和复杂因素分析。连环替代法是用来计算几个相互联系的因素对综合指标变动影响程度的一种分析方法。

(10) 产品生产成本表是反映企业在报告期内生产的全部产品总成本的报表。产品生产成本表一般分为两种:一种按成本项目反映,另一种按产品种类反映。两种报表有各自不同的作用、结构和编制方法。

(11) 利用产品生产成本表可以进行以下分析:① 全部产品成本计划完成情况分析;② 可比产品成本分析。

(12) 主要产品单位成本表是反映企业一定时期内主要产品生产成本水平、变动情况及构成情况的成本报表。主要产品单位成本表可以分设产量、单位成本和主要技术经济指标三部分。

(13) 主要产品单位成本表的分析主要包括:① 主要产品单位成本变动情况分析;② 主要成本项目分析。

(14) 企业编制的各种费用报表主要包括制造费用明细表、销售费用明细表、财务费用明细表和管理费用明细表。

本章术语

成本报表;成本分析;对比分析法;比率分析法;趋势分析法;因素分析法;连环替代法;产品生产成本表;主要产品单位成本表;制造费用明细表;销售费用明细表;财务费用明细表;管理费用明细表;可比产品;不可比产品;成本降低额;成本降低率

复习思考题

1. 什么是成本报表?编制成本报表的意义和作用是什么?
2. 如何进行成本报表的分类?
3. 试述编制成本报表的一般要求。
4. 编制主要产品单位成本表的作用是什么?
5. 制造费用、营业费用、管理费用明细表如何进行编制?它们在成本报表体系中起什么作用?
6. 试述成本分析的意义。
7. 成本分析中常用的方法有哪几种?这些方法的特点是什么?
8. 成本计划完成情况的分析包括哪些内容的分析?
9. 试述成本计划完成情况分析的程序。
10. 可比产品成本分析的目的是什么?如何进行可比产品成本分析?
11. 产品单位成本的分析是如何进行的?

业务计算题

1. 某企业生产甲、乙、丙三种产品。12月份有关资料如下。

(1) 企业上年实际和本年计划、累计成本、费用资料如下表所示。

单位:元

项　　目	上年实际	本年计划	本年1～11月份累计实际
生产费用			
直接材料费用	86 790	84 180	77 475

续 表

项　　目	上年实际	本年计划	本年1～11月份累计实际
直接人工费用	34 875	36 075	31 725
制造费用	44 739	39 480	37 065
生产费用合计	166 404	159 735	146 265
在产品、自制半成品期初余额	13 140	12 780	
在产品、自制半成品期末余额	97 935	9 948	

(2) 甲、乙、丙三种产品成本明细账，如下表所示。

甲产品(12月份)

单位：元

项　　目	直接材料费用	直接人工费用	制造费用	合　计
月初在产品成本	675	405	495	1 575
本月生产费用	1 335	615	840	2 790
完工产品成本	1 455	675	1 035	3 165
在产品成本	555	345	300	1 200

乙产品(12月份)

单位：元

项　　目	直接材料费用	直接人工费用	制造费用	合　计
月初在产品成本	1 125	480	720	2 325
本月生产费用	2 460	1 140	1 425	5 025
完工产品成本	2 130	855	1 215	4 200
在产品成本	1 455	765	930	3 150

丙产品(12月份)

单位：元

项　　目	直接材料费用	直接人工费用	制造费用	合　计
月初在产品成本	1 575	615	1 110	3 300
本月生产费用	2 940	1 020	2 010	5 970
完工产品成本	2 490	930	1 650	5 070
在产品成本	2 025	705	1 470	4 200

该企业12月份甲、乙、丙三种产品均无自制半成品。

要求：根据给定资料编制产品生产成本(按成本项目反映)表，并在本年实际、本月实际、本年计划和上年实际之间进行各项生产费用的构成比率分析。

2. 接上题，其他有关资料如下表所示。

产品名称	实际产量(件)		单位成本(元/件)	
	本月	本年累计	上年实际平均	本年计划
甲	150	1 725	33.15	31.50
乙	420	3 975	18.75	16.50
丙	600	6 150	13.125	12.90

甲、乙丙三种产品本年1～11月份累计实际产品生产成本分别为35 310元、46 582.5元和66 966元。

要求：根据给定资料编制产品生产成本表(按产品种类反映)，同时计算企业该年全部可比产品成本降低计划的执行结果，并用连环替代分析法计算有关因素变动对可比产品成本降低计划执行结果的影响程度。

3. 某企业生产甲产品，本年直接材料费用计划数及实际支出情况如下表所示。

项目	产品数量(件)	单位产品消耗量(kg)	材料单价(元/kg)	材料费用(元)
计划	5 000	40	10	2 000 000
实际	4 900	42	9	1 852 200
差异	−100	2	−1	−147 800

要求：根据给定资料采用连环替代法计算产品数量、单位产品消耗量、材料单价三个因素的变动对材料费用差异的影响程度。

4. 某企业的主要产品甲产品单位成本表如下表所示。

主要产品单位成本表

单位：元

成　本　项　目	上年实际平均	本年计划	本期实际
原材料	931	945	1 023.5
工资及福利费	75	84	82
制造费用	124	106	104.5
合　计	1 130	1 135	1 210
主要技术经济指标	用量	用量	用量
原材料消耗量(kg)	475	450	445
原材料单价(元/kg)	1.96	2.1	2.3

要求：(1) 分析甲产品单位成本变动情况。

(2) 分析影响原材料费用变动的因素和各因素变动的影响程度。

5. 某工业企业某期成本资料如下表所示。

(1) **产品成本表**

产品名称	计量单位	实际产量	单位成本(元/件)			总成本(元)		
			上年实际平均	本年计划	本期实际	按上年实际平均单位成本计算	按本年计划单位成本计算	本期实际
可比产品合计								
甲	件	30	840	828	816			
乙	件	35	1 080	1 020	996			
合　计								

(2) 可比产品成本计划降低额 2 160 元,计划降低率 3.75%。

要求:(1) 计算和填列产品生产成本表中总成本各栏数字。

(2) 分析可比产品成本降低计划完成情况,分析其原因并作出评价。

6. 某工业企业 20 ** 年成本计划规定的可比产品成本降低额 2 000 元,降低率为 2%。该年产品生产成本表所列全年可比产品按上年实际单位成本计算的总成本为 32 000元,按全年计划单位成本计算的总成本为 30 000 元,本年实际总成本为 28 000 元。

要求:(1) 计算可比产品成本实际的降低额和降低率。

(2) 计算可比产品成本降低额和降低率的执行情况。

(3) 对可比产品成本降低计划的执行情况进行一般评价。

参考文献

[1] 于富生，黎来芳，张敏. 成本会计学[M]. 7版. 北京：中国人民大学出版社，2015.

[2] 潘煜双，胡桂兰. 成本会计学[M]. 北京：清华大学出版社，2014.

[3] 杨洛新，欧阳歆，陈秀芳. 成本会计[M]. 北京：北京大学出版社，2012.

[4] 宋胜菊，刘学华. 成本会计[M]. 5版. 上海：立信会计出版社，2012.

[5] 潘煜双，马晨明，胡桂兰. 成本会计学模拟实验教程[M]. 上海：立信会计出版社，2011.

[6] 杨贞斌. 成本会计学：理论与实训[M]. 大连：东北财经大学出版社，2010.

[7] 胡元木，杨广珍，刘芳. 成本会计[M]. 上海：格致出版社，2008.

[8] 鲁亮升. 成本会计[M]. 3版. 大连：东北财经大学出版社，2007.

[9] 曹伟. 成本会计[M]. 北京：中国人民大学出版社，2006.

[10] 中华人民共和国财政部. 企业会计准则[M]. 北京：经济科学出版社，2006.

[11] 胡玉明，赖红宁，罗其安. 成本会计[M]. 北京：清华大学出版社，2005.

[12] 张培莉，王俊秋. 新编成本会计学[M]. 上海：华东理工大学出版社，2002.

[13] 张卫东. 成本会计[M]. 北京：机械工业出版社，2001.

[14] Charles T Horngren, Strikan M Datar, Madhav V Rajan. Cost Accounting: A Managerial Emphasis (14th Edition) [M]. Pearson Education Ltd., 2012.

[15] Michael L Werner, Kumen H Jones. Management Accounting [M]. 上海：立信会计出版社，2009.

内容提要

成本信息在企业管理中起着至关重要的作用，关系到企业的生存与发展。本书在借鉴国内外同类教材的基础上，基于网络教育的特点，重点阐述了工业企业产品成本核算的理论、程序和方法，以及成本报表的分析。本书可作为会计学专业的本科生与专科生的教材或参考读物，也可满足高等财经院校其他经济管理专业的学生和广大会计工作人员学习成本会计知识的需要。